"和合"文化润童年

——小学艺术教育校本课程构建

黄莹◎著

吉林文史出版社

图书在版编目（CIP）数据

"和合"文化润童年：小学艺术教育校本课程构建 /
黄莹著. —— 长春：吉林文史出版社, 2024. 7. —— ISBN
978-7-5752-0411-8

Ⅰ. G623.702

中国国家版本馆CIP数据核字第2024WN8296号

"和合"文化润童年：小学艺术教育校本课程构建

"HE HE" WENHUA RUN TONGNIAN：XIAOXUE YISHU JIAOYU
XIAO BEN KECHENG GOUJIAN

著　　者：黄　莹
责任编辑：蔡屹婷
封面设计：言之凿
出版发行：吉林文史出版社
电　　话：0431-81629359
地　　址：长春市福祉大路5788号
邮　　编：130117
网　　址：www.jlws.com.cn
印　　刷：北京政采印刷服务有限公司
开　　本：170 mm×240 mm　1/16
印　　张：14.5
字　　数：200千字
版　　次：2025年3月第1版
印　　次：2025年3月第1次印刷
书　　号：ISBN 978-7-5752-0411-8
定　　价：58.00元

目　录

第一章

"和合"民族文化艺术教育校本课程的理论基础

文化自信与"和合"文化在小学艺术教育中的作用 ……2

基于文化自信的小学艺术课程德育模式构建问题

　　及应对策略 ………………………………… 20

"和合"民族文化教育视角下小学艺术教育校本课程的

　　建设和实施 ………………………………… 35

党的二十大精神融入小学"和合"民族文化艺术教育的

　　实践研究 …………………………………… 60

小学艺术课程中开展跨学科融合课程的实施策略与研究… 83

第二章

"和合"民族文化艺术教育校本课程的模块设计

理论教学 …………………………………………… 104

　　模块一　艺术与"和合"理念导论 ……………… 104

模块二　民族艺术概论 ……………………………… 110

模块三　传统绘画艺术赏析 …………………………… 114

模块四　民族音乐与舞蹈的理论基础 ………………… 118

模块五　戏剧与曲艺中的"和合"文化 ……………… 122

模块六　民族手工艺的历史与技艺 …………………… 126

模块七　跨文化艺术交流与比较 ……………………… 130

模块八　艺术批评与社会责任 ………………………… 134

模块九　艺术教育心理学 ……………………………… 138

模块十　"和合"艺术教育的未来展望 ……………… 142

实践教学 …………………………………………………… 146

模块一　民族绘画创作实践 …………………………… 146

模块二　民族乐器演奏体验 …………………………… 150

模块三　民族舞蹈学习与表演 ………………………… 154

模块四　传统手工作坊 ………………………………… 158

模块五　校园戏剧与曲艺表演 ………………………… 162

模块六　跨文化艺术交流活动策划 …………………… 166

模块七　艺术批评实践 ………………………………… 169

模块八　社区艺术服务项目 …………………………… 173

模块九　艺术疗法体验工作坊 ………………………… 176

模块十　"和合"艺术教育成果展览 ………………… 179

第三章
"和合"民族文化艺术教育校本课程的典型案例

融合课程——多彩的民族乐器 ······················ 184

《梅花三弄》教学设计 ·························· 186

《形形色色的民族乐器》教学设计 ·················· 194

项目式学习——走近戏曲 ······················· 203

《走近戏曲——画脸谱》教学设计 ················· 205

《画脸谱》教学设计 ·························· 211

《京剧趣谈》教学设计 ························· 217

参考文献 ······························· 223

第一章

"和合"
民族文化艺术教育
校本课程的
理论基础

文化自信与"和合"文化
在小学艺术教育中的作用

一、文化自信的定义与重要性

文化自信是一个国家、一个民族对自身历史和文化的清晰认知、充分肯定和积极践行。文化自信是国家软实力的重要组成部分，对于国家的发展和民族的复兴意义深远。首先，文化自信可以凝聚民族力量，可以增强向心力，可以增强民族凝聚力。其次，国民对本国文化充满自信和自豪时，会更团结一致地为国家的繁荣与发展添砖加瓦。再次，文化自信对促进文化创新发展有重要帮助，在对自身文化有深刻认同的基础上，能不断吸收新的元素，创造出更具活力的文化形态。最后，文化自信对增强本国的国际影响力也有很大的助益。对自有文化充满自信的国家，更容易在国际舞台上发出自己的声音，展现本国文化魅力，从而在国际社会得到更多的认同，这随着全球化的不断深化而显得愈发重要。在外来文化的冲击面前，只有坚定文化自信，才能使自身的文化得到独立发展，在保持民族文化独特性和多样性的同时，又不受外来文化的冲击。

二、"和合"文化的内涵与价值

作为中华民族国粹的"和合"文化，其内涵深，价值高。它既贯穿于人与自然、人与人、人与社会等各种关系之中，又深刻地影响着中华民族的思维方式和行为准则，以和谐、合作、融合为核心思想。强调事物和谐共生，是"和合"文化的内涵所在，其主张物与物之间的平衡与协调，寻找差异中的共通之处，做到千姿百态又交融统一。这种文化内涵，是中华民族向往和追求和谐社会的体现，也是包容和尊重多元文化的体现。"和合"文化的价值在很多层面都有体现。第一，它在促进社会和谐、增强民族凝聚力等方面发挥了重要作用。"和合"文化通过倡导"和合"精神和合作精神，帮助化解人与人之间的社会矛盾，增进信任和理解。第二，"和合"文化是人类文明进步的动力，对社会发展具有正面推动作用。它所蕴含的和平共赢理念，为世界各国处理国际关系提供了智慧，帮助构建人类命运共同体。第三，"和合"文化还承载着中华民族的精神寄托和文化认同，成为民族文化自信的重要源泉。

三、文化自信与"和合"文化的关系

（一）文化自信是"和合"文化传承与发展的基础

对于"和合"文化这样优秀的中华传统文化而言，文化自信在它的发展历程中发挥着至关重要的作用，尤其是为其的传承与发展奠定了坚实的基础。文化自信提供心理支持，让"和合"文化得以传承。一个民族对自身文化的深厚自信，可以激发人们对传统文化的热爱与崇敬，并由此产生一种强烈的意愿，对这种文化予以保护与传承。在这种自信的驱使下，"和合"文化所蕴含的核心价值，如和合、共融等，会使人们对其更加珍惜，并主动传承下去。"和合"文化的发展与创新是由文化自信推动的。人们敢于挑战传统，敢于在继承中发展，敢于在发展中创新，需要建立在对自身文化充分自信的基础上。文化自信使人相信"和合"文化的核心价值。在吸收外来文化或现代元素的过程中，使"和合"文化不但不会被稀释，反而可以因此焕发出新的生机。文化自信是推动"和合"文化发展的重要动力。一个对本国文化自信满满的民族，必然乐于向世界展示自身文化的魅力。正是在这种自信的驱使下，才会使属于世界文化宝库的"和合"文化跨越国界，成为璀璨明珠。

（二）文化自信是"和合"文化的重要体现

作为中华优秀传统文化的精髓，"和合"文化不仅承载着历史长河中厚重的文化底蕴，更重要的是在当代中国文化自信不断体现的时代背景下，它以独特的和谐共融理念，将博大精深、独具魅力的中华文化展现在世人面前。"和合"文化彰显了中华民族和睦相处及和衷共济的社会理想和精神风貌。在全球化日益加深的今天，不同文化之间的交流日益频繁，它们所倡导的和谐共处的理念也持续增强。各种文化间的交流与相互联系日趋紧密，它们之间的关系也逐渐密切。这一理念不仅释放了中国愿意与世界各国和平共处、共同发展的积极信号，而且在国际舞台上传递出中华民族对多元文化的尊重和包容，这是中国人的文化自信的一个重要反映，而"和合"文化所凝聚的中华民族的深厚底蕴，让中国人的自信在传统文化的传承中得以彰显，对"和合"文化的传承与发展，作为中华民族传统文化中重要的组成部分，本身就是对中华传统文化生命力的一种肯定，向世人彰显了中华民族文化的博大精深，同时也是一种对中华民族文化自信的展示。促进文化的交流与相互联系，以及对多元文化的尊重和包容，既是对中华民族传统文化的弘扬，也是对中华文化的继承和发展。中华民族的文化自信不仅源于"和合"文化本身所特有的独特价值和魅力，而且源于它本身所坚信的对自身文化传承的坚定信念和自身独特魅力的体现——将"和合"文化与自己的文化传承融为一体，在艺术教育中融入"和合"文化，是这种文化自信的具体表现形式。将和谐文化的元素和理念融会贯通于艺术教育中，既丰富了艺术教育的内涵，又使学生在学习艺术的过程中对博大精深的中华文化有更深刻的认识和体会，从而在文化自信上得到提升。因此，在艺术教育中融入"和合"文化，是弘扬中华文化的重要途径。

（三）文化自信推动"和合"文化的创新

文化自信既让人们坚守传统文化的核心价值，又鼓励人们在继承的基础上有所创新，是一种民族自豪感和文化认同感的体现。在文化自信的背景下，"和合"文化能焕发出新的生命力，并具有开拓性和创新性。在文化自信的背景下对"和合"文化的深入研究也激发了人们的文化自信，使他们更关注传统文化的内涵和价值。当人们对自己民族的文化抱有强烈的自信时，这种重视促使他们对"和合"文化的精髓进行深入挖掘，然后源源不断地产生创新灵感。文化自信提供心理支撑，使"和合"文化的核心价值观在创新过程中避免遭遇风险与不确定性的冲击；这种信念为富于新意的表达方式和应用场景的创新者带来勇气与信心；文化自信也可以推动融合现代元素的"和合"文化发展起来。有文化自信作依托的

"和合"文化在积极与现代社会契合的同时，既能不失传统韵味又可增添现代气息，从而以全新的面貌出现并随着时代的变迁而不断被赋予新的时代内涵而焕发出新的生机与展现光彩。文化自信是引领"和合"文化走向具有现代性的新境界不可或缺的要素。因此，可以说文化自信是"和合"文化走向现代性过程中必不可少的助推力量。

（四）"和合"文化推动文化自信

"和合"文化，因其特有的机制而十分特别，在增强中华民族的文化自信上起着举足轻重的作用，是中华优秀文化传统的重要内容之一，是民族凝聚力和认同感增强的有效途径，是中华文化独特性的反映。人们认识并践行着"和合"文化所提倡的和而不同之理念，对其作为中华民族一分子的归属感会有更深的认识和体会，从而对其本土文化之自信和自豪感会有明显的促进作用。由"和合"文化所蕴含的深厚历史底蕴和独特人文精神彰显着中华民族文化之唯一性。人们通过对"和合"文化的学习和传承从而深入认识中华民族之文化根底，体味到中华民族文化之博大精深，促进自己的文化自信。因此，学习"和合"文化的中华民族对于能够增强文化自信有着十分重大的意义。这是因为"和合"文化具有兼容并蓄、融会贯通的特点，不仅可以保持本民族文化的独特性和生命力，同时又能吸收融合外来的各种文化元素，这一文化的包容性和开放性使人们在面对多元文化冲击时能增强文化自信，同时又能认识到本民族文化的自信与韧性。另外，"和合"文化在促进国际文化交流中也扮演着举足轻重的角色，它所倡导和睦相处互利共赢的理念为促进不同文化间的相互理解，打破文化隔阂，促进交流交融，起到了重要的推动作用。因此学习弘扬"和合"文化的中华民族在文化自信上有了更深刻的认识和体会。跨文化的交流使人们对本土文化的自信得到提高，同时也使中国文化所特有的魅力得以彰显。

（五）全球化背景下的文化自信与和谐

在全球化背景下，文化自信与和谐文化的关系日益重要和紧密。文化自信已经成为一个国家和民族在全球化背景下日益频繁的各种文化交流浪潮中保持文化独立性和自主性的关键所在。坚定文化自信，才能在全球化浪潮中保护好、发展好能够使自己立足的优秀传统文化。作为中华优秀传统文化的重要组成部分，这种与众不同、融会贯通的理念，在全球化背景下显得更加难能可贵。在这样的文化理念的指导下，国家可以在国际舞台上发出自己的声音，对于增强民族凝聚力，提升中国文化影响力，都会起到推动的作用。所以非常有意义的一件事，就是增强文化自信、弘扬文化，并使各类文化融会贯通。全球化为各国提供了一个广阔的文化交流平台，同时也为"和合"文化创造了传播的机会，提供了创新的机遇。这也是"和合"文化在全球范围内的发展，它积极借鉴和吸收世界各国优秀文化元素，在保持文化自信的基础上实现文化多元共存、创新发展。这种互动关系不仅有利于中国文化国际竞争力的提升，而且有利于世界文化的繁荣与发展。

四、小学艺术教育中文化自信的角色

（一）艺术教育的文化内涵，提升了文化自信

文化自信的作用在艺术教育中不可忽视，尤其是它在丰富艺术教育的文化内涵方面所起的独特作用。文化自信，即对本民族文

化传统和价值观念的坚定信仰，为艺术教育注入了深厚的文化底蕴和鲜活的生命力。文化自信让艺术教育不只是传授技艺，对文化的传承同样重要。学生在绘画、音乐、舞蹈等艺术课程中，通过将本民族的传统文化元素融入其中，更直观地感受到国画中的笔墨意境、国乐中的旋律韵味等独特的民族文化韵致和深厚的底蕴。这种教育方式不仅增强了学生对艺术作品的理解和鉴赏能力，更让他们在学习过程中体会到民族文化的博大精深。同时，文化自信还鼓励艺术教师不断探索和创新教学方式，将传统文化与现代艺术形式相结合，创造出更多富有时代特色的艺术作品。这种融合不仅丰富了艺术教育的形式和内容，还激发了学生的学习兴趣并提升了其创造力，使艺术教育真正成为培养学生文化素养和审美能力的重要途径。

（二）文化自信增强学生民族自豪感

增强学生对本国文化价值的认同感和自豪感，是文化自信起到了无可替代的作用。学生在艺术课上接触到丰富多彩的民族文化，对祖辈们创造的艺术瑰宝产生崇敬之情和民族自豪感。学生通过学习民族音乐、民族舞蹈以及传统工艺，认识到自身文化的博大精深的同时，也开始认识到自身文化的根源所在。当古风古韵的中国音乐在课上响起时，学生们在欣赏中华民族乐韵的同时，也能感受到一种律动的独特之美，从而达到对民族音乐文化的深入认识。在美术课上，学生们通过欣赏、绘制国画、剪纸等传统艺术，从中领略到中华民族特有的创作智慧，从而在艺术课堂上既让学生更加珍视和传承本民族的文化底蕴，又让学生增强民族文化自信，从而在展示本国文化特色的同时，能够更好地开展国际交流。当学生在课堂上可以自豪地介绍自己的民族文化时，可以自信地在舞台上表演民族舞蹈或演奏民族音乐时，这种自豪感就会转化为一种激励学生努力传承和发展民族文化的积极力量。

（三）文化自信促进学生的全面发展

增强文化自信对促进学生全面发展起着不可低估的作用。文化自信不仅是对自己的民族文化价值的一种高度肯定和自觉认同，而且是对其全面的肯定和积极面对的体现。学生在艺术教育中培养文化自信的同时，对其整个发展也能起到很大的促进作用。另外，文化自信对学生审美能力的提高也起着举足轻重的作用，学生通过对本民族丰富多样的艺术形式的接触与欣赏，使自己对美的感受与认识更加敏锐，从而在审美情感与欣赏能力上得到了很好的锻炼和提高。学生的审美能力不会仅仅局限于对艺术作品的欣赏与感悟上，也会随着自身生活质量的不断提高而渗透到学生生活的其他方面去，因此对他们的全面发展起到了很大的促进作用。总之，文化自信是促进学生全面发展的一支不可低估的促进剂。对学生的生活质量的提高和对文化自信的培养都有很大的好处，对学生的创新思维也有很大的促进作用。在艺术教育中，以本民族文化为基础，鼓励学生进行创作，既可以激发学生的创造力，又可以培养学生的想象力和使其掌握解题技巧，对学生将来的学习和工作都具有非常重要的意义。另外，文化自信对学生的健全人格也有很大的塑造作用。在艺术教育中对学生文化自信的培养，能够使他们以更积极的态度面对人生，并形成健康向上的心态及价值观。学生健全的人格会让他们在以后的社会经历中更加自信、自立、自强地面对人生。因此，在艺术教育中注重培养学生对文化自信的理解，对学生的成长会有很大的促进作用。

（四）文化自信促进艺术教育创新发展

文化自信是一个国家、一个民族的软实力，是推动小学阶段艺术教育创新发展的强大催化剂。随着全球化的不断深化，多种文化的相互碰撞与融合。如何在这样的前提下保持艺术教育的独特性和创新性？如何结合传统元素和现代艺术教育创造出新颖且有特点的授课内容和授课形式？在文化自信的基础上，促使广大教师去深入挖掘本民族的艺术资源。以点带面地给学生上好以本民族传统艺术元素和现代艺术教育相融合的课程：既能将传统剪纸艺术与现代平面设计相结合，又能将民族音乐元素与现代流行音乐相融合；既能使学生得到融会贯通的体会，又能使本民族的艺术得到新的开拓和延伸；学生在这样融会贯通的体会中，其艺术功底不断得到新的升华。文化自信促进了对本土艺术表现形式的探索和创新，使教育者在讲授经典艺术作品的同时，勇于尝试新的艺术表现形式，以推动具有时代特色的艺术教育的开展。另外，文化自信还促使教育者在教学内容上也进行了相应的创新，如运用虚拟现实、增强现实等现代科技手段，以增强学生学习体验感和互动性。在保持本土文化特色的基础上，文化自信还能促进其他文化中的优秀元素，为艺术教育的多样化和现代化建设做出贡献。

（五）文化自信提升学生理解和评价艺术价值的能力

提升学生对艺术价值的认识和考察能力，文化自信的作用必不可少。文化自信促使学生更加深入地探究和理解艺术作品背后的文化内涵和艺术价值，从而产生一种深刻的认同感和对自己民族文化艺术的自豪感。当学生浸润在自身民族的文化自信中时，就会主动去了解和学习中华民族的艺术历史、艺术风貌、创作思想等方面的知识。学生对自己民族的文化自信及这种学习不能拘泥于表面的技巧和形式，而应深入艺术的精神内核，融会贯通。如在学习中国画的过程中，文化自信会驱使学生去探索绘画中的意境、笔墨技巧以及与中国哲学思想的关联等。教育者客观地对学生的艺术作品进行评价，培养他们的文化自信，使其既会欣赏本民族的艺术，又能对其他民族和国家的艺术采取开放的心态去接受并加以评价。这种跨文化的艺术测评能力使学生的视野更开阔，对艺术领域的认识也更为深刻。文化自信除了使学生在小学艺术教育中的艺术素养得到提升之外，更多的是可以让学生通过加深对艺术价值的认识和提升评价能力而打开了一扇通往世界艺术宝库的大门。这种能力将伴随着学生一生，使他们在今后的工作和生活中能够欣赏和评价各种艺术形式，使其在今后的人生道路上，精神世界更加开阔和包容。因此，培养文化自信，对于学生今后的发展具有十分重要的意义。同时，文化自信是学校开展艺术教育的一项重要内容。

五、"和合"文化在小学艺术教育中的体现

（一）教学内容的融合

传统艺术教育往往注重技巧的训练，但在"和合"文化的主导下，教学内容更为丰富和深入，既有技巧的传授，又有深厚的文化内涵的融会贯通。在传统艺术教育中的美术课上，除了夯实学生的基本绘画功底外，教师还应将中国传统的艺术元素，如山水、花鸟等引入国画中，同时将律动之美引入书法艺术中。对这些传统元素的刻画，使学生在锻炼绘画技巧的同时，也更加深刻地体会到了中华文化的博大精深和体味"和合"之美。在音乐课上，教师为学生

讲授传统民乐，如古筝、笛子等乐器的演奏技巧。学习乐器能给学生带来音乐律动感之美的同时，还能使学生从中体会到"和合"文化之精髓——音乐背后之文化含义。在"国舞"教学中融入了舞蹈元素进行授课是让学生感受中国文化之神韵。"和谐共融"之"和与美"融会贯通的授课使学生对自己民族之"和合"文化有了较好的认识和重视，在学有所成的同时增强了民族文化自信。"和合"文化在艺术教育上，除了使学生的技能得到训练之外，更多的是让学生得到全面的文化熏陶。"和合"文化的融会贯通是小学艺术教育中"和合"文化重要的表现之一。

（二）教学方式的实践

"和合"文化不仅包含在授课内容中，而且体现在独特的授课方式上，核心是强调和谐与协作。旨在培养学生的团队协作能力和艺术修养的小组合作学习模式是教师经常采用的教学手段。在美术教室里，学生们被分成若干个小群体，群策群力完成一幅作品。每个小群体的成员各展所长，有的设计构图，有的搭配色彩，有的重视刻画。学生在相互沟通的过程中，体会到的是以集体智慧为核心的力量。这样的授课方式，使学生在参与合作的过程中，既锻炼了动手能力又提高了思考力。在音乐课上经常采用合唱和合奏的教学方式，以培养学生的团队协作精神和集体荣誉感，对稳固学生的音乐基础也有一定的促进作用，同时有利于培养学生跨专业的艺术融合能力。教师还以跨专业艺术融合教学作为重点，将艺术与语文、历史等学科相结合，使学生对文学作品或历史事件有更深刻的理解和更好表达，从而丰富艺术教育的内涵，对学生综合素质的提升也有很好的促进作用。以上各种十分有益的教学方式，既可以培养学生的艺术素养，又可以锻炼学生的团队合作能力和跨学科的思考能力，是"和合"文化在教育教学中的重要体现，也是"和合"文化在小学生教育中的具体实践。

（三）文化传承的强调

"和合"文化既是教学思想，又深刻强调文化的传承，而艺术作为文化的直观表达，承载着丰富的历史和民族精神，所以在小学教育阶段，应特别注重在艺术教学中融入"和合"文化的理念，并以此作为传承和弘扬民族文化的重要途径，以"和合"文化为引领。

教师通过美术课向学生介绍了国画、书法、剪纸等各种传统艺术形式，蕴含着深厚的"和合"哲学思想。学生在学习过程中不仅夯实了艺术功底，更重要的是能够懂得在学习过程中应该具备的文化自信，从而更加珍惜和尊重自己的传统文化、所蕴含的文化价值和民族精神。强调"和合"文化，也起到了促进艺术教育创新发展的效果。教师鼓励学生发挥创意，将传统元素与现代艺术相结合，创作出富有时代特色的艺术精品，同时又要保持传统文化的底蕴。这是一种创新的教学方式，既培养了学生的艺术创造力，又使传统文化在新的时代背景下焕发出勃勃生机。

（四）和谐师生关系的构建

"和合"文化对师生和谐关系的形成起着举足轻重的指导作用，这在艺术教育的课堂上得到了淋漓尽致的展现。在这种文化的熏陶下，人与人之间讲究和谐共处、相互尊重相互协作，而"和合"文化所提倡的平等交往精神也在师生之间得到了很好的贯彻，教师不再是单纯的知识传授者，而成为学生的引路人和陪伴者，在艺术教育中给予学生专业上的指导与建议的同时，也鼓励学生自由发表自己的见解和想法，使他们在学习艺术中感受到被尊重与被认同，从而对艺术学习投入更多的热情和积极性，因此教师在教学过程中起到了重要的引导作用。同时，"和合"文化的理念和精神也在学生的培养上起到了很好的指导作用。这种平等交流的方式，使学生在学习艺术中感受到被关注和重视，从而促使其对艺术的学习更加积极主动。"和合"文化，讲究的是师生一起成长，一起长大。在艺术教育实践中，师生们共同开拓艺术领域，共同面对挑战，共同分享成功的喜悦，在这种共同成长的过程中，既培养了学生的团队合作精神，还使他们熟练掌握了解题技巧，让其在看见教学效果的同时，也增进了师生之间的感情。"和合"文化还注重师生之间的情感沟通。教师关心学生的生活，与学生建立了深厚的师生情。这种情感上的联结，让学生更加信任自己的老师，乐于与老师分享自己的内心世界，师生之间的联结更加紧密。

（五）艺术活动的组织

"和合"文化在组织和引导艺术活动方面具有非常显著的作用。艺术活动是展示学生才艺的平台，同时也是培养学生团队合作精神和创造力的有效方式。需要在组织艺术活动时充分体现"和合"文化的理念，即讲求和谐、讲求协同。学校定期举办各种艺术活动，如文艺汇演、画展、音乐节等，这是学生们学习的重要内容，不仅让他们有机会展示自己，而且其在参与中也能相互合作，共同进步。学生在文艺活动准备、节目排练创作等阶段，以小组为单位，共同切磋、集思广益、群策群力，力求呈现艺术效果的最佳状态。这样合作方式使学生既锻炼了组织协调能力，又使他们深刻地体会到团队合作的意义，从而促使其在今后的文艺活动中，既能将"和合"文化的精神内涵传承下去，又能将现代元素与传统文化相融合，将"和合"文化发扬光大，同时以"和合"文化为指导，以艺术活动为载体，激发创新意识，并在艺术创作上有所建树。同时，"和合"文化也为学生今后的发展指明了方向，使他们在今后的创作道路上与传统文化相融合，并勇于创新使自己的艺术作品具有更强的时代性。

六、小学艺术教育融合文化自信与"和合"文化

（一）体验多元文化

通过体验多元文化的丰富性和民族文化自信，不仅让学生们眼界大开，也培养了他们对于文化兼容并蓄的领悟力。对学生来说，这是一件非常重要的事情。通过引进不同国家和地区的艺术作品，让学生有机会欣赏到世界各地的艺术和人文风貌。在艺术课程中，学生可能在学习非洲木雕艺术，或者在学习欧洲油画风格。这两种课程都是学生在学习传统水墨艺术的基础上，再进行学习的艺术课程。学生体验到艺术的多样性和丰富性，同时也体验到艺术的多样性，增强他们对自己文化传统的认知和自豪感。在艺术课堂上，教师们让学生在亲身实践中感受"世界各国面具设计"或"国际民族舞蹈表演"等不同文化的魅力的同时，通过组织多元文化主题的艺术创作活动，加深其对自身文化传统的了解和珍视程度。

（二）创造力与想象力的激发

融合自信于"和合"文化，使学生加深对传统文化的认识的同时，又能激发学生无形中的创造力和想象力。因为文化自信使学生对自己的文化传统有更深刻的认识和认同感，而这种认同感又成为

学生进行艺术创作的源头活水，使他们从自己的民族特色中获得灵感并进行创作。学生对本民族文化的熟悉和认识，使他们在创作的时候能够从中得到启发。而"和合"文化所提倡的和谐共生思想，又为学生在艺术创作中开拓了广阔的思路空间，使学生在创作中得到更大的发挥空间。因此，文化自信与"和合"文化的融合，使学生在艺术创作中有了更深刻的认识和更高的追求。在"和合"文化的熏陶下，学生通过艺术的形式，学习如何将和谐共融的主题表现在作品中，把向往和追求美好生活的信息传达出来，从而在文化自信的基础上，可以在艺术创作上进行大胆创新，融会贯通。与"和合"文化相融合也促使学生在艺术创作中勇于尝试新的东西。在保持传统文化精髓的前提下，为了创作既有传统文化底蕴又有现代感的艺术作品，学生将尝试新的艺术形式和表现手法，从而在创新的过程中既夯实了艺术功底又发展了创造力，而且无形中提高了想象力。通过这样一个过程，学生在艺术上得到了全方位的锻炼。

（三）情感与性格的培养

增强文化自信使学生在增强民族自豪感和归属感的同时，也深刻感受到传统文化的独特魅力和价值。这种强烈的情感使学生对本国文化更加珍视和热爱，从而培养出爱国情怀和民族责任感。以"和合"文化为核心的理念，在艺术教育中得到了淋漓尽致的体现。通过参加艺术活动，学生学会了与人交流协作以共同完成任务，既锻炼了团队协作能力，又培养了他们具有包容心耐心及谦逊的优秀品质，从而在艺术学习过程中不断尝试和创新，并具备坚韧不拔的劲头和勇于接受挑战的胆略。融合文化自信与"和合"文化，使学生在面临困难时能始终保持积极乐观的态度，并且勇于迎接挑战，从而在抗挫能力和自信心上得到了很好的培养。通过"和合"文化的熏陶，使学生在思想上形成了对事物的正确认识和态度；通过文化自信的强化，使学生在心理上具备了面对各种困难和挑战的抗压能力和信心。

（四）团队合作与"和合"文化的体现

不仅使学生对传统文化有了更深的认识和更强认同感，而且在团队协作方面，文化自信与"和合"文化的融合也起到了助推作用。"和合"文化的核心理念被自然地融入到艺术学习和创作中去。特别是艺术教育中的一些集体性的艺术活动，比如大合唱或集体舞等，在团队合作中是必不可少的一环，而每一位同学都是团队中不可缺少的一分子，所以通过文化自信与"和合"文化的融合，使学生对自己在团队中所处的位置以及所起的作用有了更加清晰的认识并产生认同感。因此，文化自信与"和合"文化的融合，使学生在团队中更好地发挥自己的特长，在团队合作中更加主动，也使他们从内心深处感受到了"和而不同"。文化自信与"和合"文化的融合，使学生在文化自信中，更好地弘扬传统文化；使学生在"和合"文化的和而不同中，更好地发挥特长；也使学生以文化自信，更好地践行"和合"文化。学会尊重他人，为了达到共同目的而愿意与人合作并为之付出努力。学生在学习中交流中互相帮助，既增强了艺术功底，又培养了学生的团队合作意识，同时也培养了他们的集体荣誉感，使他们在团队中扬长避短并接纳别人所存在的差异性，这一点恰恰与"和合"文化的"和而不同""兼容并蓄"精神是相通的。"和合"文化所提倡的，是自信与尊重相互结合的社会关系和谐共生，"和而不同""兼容并蓄"精神在学生中得以

融会贯通。

（五）传统与现代文化的融合

文化自信与"和合"文化的融合，不仅体现在对传统文化的传承与弘扬上，更体现在传统与现代文化的有机融合上。文化自信与"和合"文化的融合，是传统与现代文化的融会贯通，既使学生深刻感受到传统文化的魅力，又使学生接触到现代艺术的创新，从而培养出既具有文化底蕴又具有创新思维的复合型人才。将二者融合的学科是一门具有传统文化底蕴的现代学科。"和合"文化倡导和谐、包容、合作的精神，文化自信使学生对本民族的传统文化抱有深深的敬仰与自豪感。把这两者结合起来，在艺术教育中促使学生去探索，去领悟传统文化的深层内涵。如在美术课上，学生能在教师的指导下，结合传统的中国画技法与现代画风，创造出既有民族特色又有现代感的艺术精品。另外，在音乐课程中，学生还能将传统的乐器与现代音乐元素相互融合，以演奏出既古朴典雅又富有现代节奏感的音乐。通过传统与现代文化的相互融合，丰富着艺术教育的形式和内容，并激发学生的创新思维和艺术创造力，使学生从中认识到传统文化是与时俱进的，是可以与现代文化相互融合的，从而对其有了更深层次的理解和认识。这一认识将使学生在今后的艺术创作中更加自信开放和具有创新精神，为促进文化的传承与发展贡献自己的力量。

七、结语

小学艺术教育在当今多元化、全球化的时代背景下，在文化传承和树立自信的重要阵地上，已经不仅仅是传授技艺那么简单。

小学艺术教育中文化自信与"和合"文化的融合，不仅为孩子们打开了一扇通往世界多元文化的窗口，更将深厚的文化底蕴和自豪感植入孩子们的心灵深处。通过艺术教育的实践，让孩子们感受到艺术教育的实践。我们欣喜地看到，孩子们在接触艺术作品、了解艺术作品、创作艺术作品的过程中，对自己的民族文化逐步树立了自信。他们开始学习和欣赏中国传统艺术的神韵，体会"和合"文化的兼容并蓄与融会贯通。这种文化自信不仅使他们可以体会"和合"文化的神韵，更多的是使其在日常生活中可以理解和接受不同的文化，并能在艺术的境界中游刃有余地表现出来。"和合"文化的加入，使艺术教育不限于技能的训练，更多的是在人格的培养上，让孩子在团队合作中学会倾听，懂得他人，体谅他人，在团结协作中成长，成为今后社会生活中的一笔宝贵财富。"和合"文化是富有远见的一种教育理念，因此，其是一种具有启发意义的教育，主要意义在于丰富小学艺术教育的含义，同时为新一代青少年既具有国际视野又有本土情怀的形成打下坚实的基础。所以"和而不同"的文化艺术教育不仅具有现实意义，而且是一种具有前瞻性的教育理念，它促使青少年在今后的成长中成为发扬中华优秀传统文化的一支重要力量，被世界各国人民所认知和欢迎，并以更加自信和包容的姿态出现在国际舞台上。因此，"和而不同"的文化艺术教育是很有借鉴意义的。

基于文化自信的小学艺术课程
德育模式构建问题及应对策略

　　文化自信在当今日益深化的全球化进程中，已经成为国家发展的重要依托和民族精神的凝练。文化自信是国家文化软实力的体现，也是国家在国际上被认同的源泉，更是国家凝聚力的表现。在当代中国，随着综合国力的提升和国际地位的日益显著，文化自信被赋予了前所未有的重要性。它要求我们深刻认识和理解自身文化的独特价值和魅力，同时在多元文化的交流中保持开放和包容，实现文化的传承与创新。

　　小学艺术课程在德育教育中的潜在作用，作为基础教育的重要组成部分，是不可忽视的。艺术既是审美教育的载体，也是情感表达的重要工具，更是价值观的塑造形式。通过艺术课程的学习，潜移默化地培养学生积极向上的情感态度和价值观念，使学生在感受美、创造美的过程中受到道德教育的熏陶。如何以文化自信为基础，有效利用艺术课程的这一优势，构建艺术课程的德育模式，成为当前在德育工作中值得深入研究的课题。通过分析小学艺术课程德育模式的现状与不足，并结合文化自信的内涵与要求，力图构建较为系统、科学、有效的艺术课程德育工作格局。这项研究不仅可以使现有的德育理论体系更加丰富、完善，而且可以促进小学生在实践中的全面发展，培养学生的文化自信和民族自豪感，为小学阶段的德育工作提供新的思路和方法，同时也是一项新的课题。

一、文化自信与小学艺术课程

（一）坚定文化自信的重要性

文化自信是一种对自身文化传统及其发展道路的自豪感和信念感，其要求既要对传统文化给予尊重和保护，又要促进文化的创新发展，使之更好地与时代需求相适应，以服务于社会主义现代化建设。具有文化自信的人，对本国或本民族的文化传统有一种积极向上的认同感，这是内在的动力。随着全球化深入发展，各种文化交流日益频繁，文化自信对于维护国家文化安全、提升国家文化软实力具有十分重要的意义。同时，文化自信是实现中华民族伟大复兴的必然要求，是推动社会主义文化繁荣发展的一种精神力量。只有坚定文化自信，才能更好地传承和发扬中华优秀传统文化，才能在全球范围内的文化竞争中占据有利位置。

（二）小学艺术课程的作用

艺术课将丰富多彩的人文景观通过绘画、音乐、舞蹈等形式展现在学生面前。使学生能接触到不同国家和地区的文化特色，从而在学习不同艺术形式的过程中培养他们的全球视野和对各种文化的包容性。艺术课鼓励学生自由发挥自己的想象力进行创作。学生在绘画、创作音乐或编排舞蹈时，需要运用自己的创意，这对学生形成独特的理解、创新的表达方式，提升学生的文化自信，都是有帮助的。把学生的情感表达作为艺术作品的重要载体，这种跨文化的沟通能力有助于增强学生对本土文化的认同感和自信心，同时也能更好地理解和欣赏他人的作品。学生可以通过艺术创作和表演更好地认识和表达自己的内心世界。艺术课程让学生学会欣赏、评价不同文化背景下的艺术作品，以培养学生的审美能力。这种审美能力在增强学生文化修养的同时，也使学生对自己的文化传统更加珍视和继承。

（三）艺术课程如何培养文化自信

让学生接触到丰富多样的民族艺术瑰宝，从而增强他们对民族文化的认同感和自豪感。艺术课程能引导学生在艺术实践中深入体会和认识传统文化的精神内涵，从而培养学生对文化传承的自觉性和创新思维能力。艺术课程还可以让学生在跨文化艺术交流中了解世界文化的多样性，开阔视野，增强他们对文化的包容性和自信心，所以学生在学习和实践艺术课程的基础上，可以更加坚定地走文化自信之路，在传承和弘扬中华优秀传统文化中做一个有作为的实践者，贡献自己的一份力量，具备建设有中国特色文化的自信。由此可见，结合学习对民族传统文化的再认识与挖掘，使学生的文化自信提高，是当务之急。

二、小学艺术课程德育工作格局的现状

（一）德育模式概述

德育模式是指以特定的教育理念和目标为导向，通过一系列有计划、有组织的教育活动，对学生进行道德品质、思想观念、行为

习惯等方面的培养和塑造的一种模式。在小学阶段，学校教育的重要内容是以多种方式和手段促进学生全面发展为目标的德育教育，使其形成健全的人格和良好的品德。现在的小学德育格局，已经呈现出多角化的态势。学校不仅通过专门的德育课程进行教育，还将德育渗透到各个学科的教学中，形成全员育人的格局。此外，学校还通过开展形式多样的主题教育活动和社会实践活动，以强化学生道德体验感、增强他们的动手能力。家庭教育、社会教育也与学校教育相互配合，共同构成了一套完整的德育教育体系。

（二）艺术课程在德育中的融入程度

艺术课程虽然在小学教育中占有一定的地位，但在德育教育中的融会贯通程度却不尽如人意。有的学校把艺术课程仅仅当成审美教育的一种手段，而忽略了它潜在的德育教育功能。所以，对学生的品德、思想、观念等方面的培养和引导，往往是艺术课程教学中所欠缺的。艺术课程与德育的融合，即使在一些以艺术教育为主的学校，也常常停留在浅尝辄止、缺乏深度与体系性的层面。如在美术课上，教师会引导学生把团结友爱等主题通过绘画的方式表现出来；上音乐课时，教师利用歌声传递正能量。但从整体来看，这个整合还处于初级阶段，在深度和广度上还有待更大程度的拓展。一些教师在艺术教学中尝试采用创新方法，如小组合作、角色扮演等，以培养学生的团队合作精神和责任感。然而，这些方法并未在所有艺术课堂中得到普及。

（三）存在的问题

当前的小学艺术课程与德育之间缺乏有效的整合和衔接，没有形成一套完整的、系统的艺术德育模式。这就造成了艺术课不能很好地起到德育教育的作用，同时也影响到德育教育工作的改进，这体现在对学生的文化自信培养不足上：在艺术课程的教学中，往往缺乏对传统文化和民族艺术的深入挖掘和传承，导致学生无法充分领略到民族文化的魅力和价值。这不仅影响了对学生文化自信的培养，也削弱了艺术课程在德育方面的功能。另外还体现在师资资源和教学方式存在的局限性上：部分小学艺术课程的师资资源相对匮乏，师资力量良莠不齐，教学能力也存在一定的差异，因此，艺术课程的师资力量和教学能力存在一定的缺陷。同时，教学方式和手段相对单一、陈旧，与学生多样化需求不相适应。这些问题都对艺术课发挥德育功能形成了制约。

三、基于文化自信的艺术课程德育模式构建

（一）构建原则

构建艺术课程德育模式时，始终做到以学生为本，对学生的主体地位和个性差异给予充分尊重，突出发挥学生的能动性、创造性、动手能力在教学中的重要作用，引导学生在学习艺术课程的同时，得到全面的德育熏陶和自身成长，既提高审美修养，又丰富德育内涵。要深入挖掘博大精深的中国文化所蕴含的德育资源，在构建以文化自信为基础的艺术课程德育模式时，将其与艺术课程紧密结合起来。这样既可以发挥艺术学科的审美性教育功能，又可以对学生进行德育的渗透和熏陶。培养学生的文化自信，增强他们的文化认同感和文化自豪感，通过引导他们学习中国传统艺术，了解国家的文化历史。同时，艺术课程结合中国的文化特色，对学生的学习兴趣和产生情感共鸣也有较好的促进作用，不局限于艺术学科

内部的艺术课程与德育融合，还应该积极地寻求与其他学科的跨学科融合。比如，融合艺术元素的德育课程，可以与语文、道德与法治、科学等学科合作开发。通过跨学科的融合，达到知识互补、协同育人的效果，从而达到打破学科壁垒、提升德育工作整体成效的目的。

（二）构建策略

在艺术课上融入传统文化元素，使德育功能得到进一步发挥，挖掘传统艺术形式中的德育内涵并加以融会贯通。同时，通过举办讲座、讲习班等形式，让专家、艺术家走进校园，增强学生对传统文化的了解和感受，从而在文化自信上有所提高。要增强艺术课程的德育效果，关键在于运用多样化的教学方式来激发学生的学习兴趣和提升其参与程度，如开展互动式、体验式、情景式的教学方式等。同时，还可以通过多媒体、网络等现代信息技术手段，丰富教学内容和教学形式，让学生有更广阔的学习视野。通过教学方法和手段的创新，使艺术课程更好地发挥德育工作的职能作用，同时寓教于乐。构建艺术课德育工作格局，教师的作用必不可少。因此，对教师的职业发展、职业素养的提升、德育工作能力的提高，都应该加大支持力度。通过组织专题培训、研讨交流等活动，能帮助教师深刻领会文化自信的内涵和要求，掌握艺术课程与德育教育融为一体的方法和策略。同时，应鼓励教师积极参与德育实践和研究工作，不断总结经验教训，增强德育实效。

（三）构建内容

德育内容的选择要遵循几个原则：经典性、时代性、寓教于乐。这意味着，对于那些既有深厚文化底蕴，又能体现时代精神，同时又富有教育意义的内容，我们需要从浩如烟海的文化资源中遴选出来。所选篇目应为诗文、书法、国画等国学经典内容。这些经典不仅代表着中国文化的精髓，更重要的是通过学习，让同学们感受到祖宗们的聪慧与天赋。对当代艺术作品、反映社会进步和时代变迁的文艺作品等能够反映当代中国精神的内容，除了经典文化外，也要有所选择。这些内容可以让学生更好地了解中国当代文化，了解中国价值观念。在德育内容的选择时，也要注意它的教育性，就是要能够引导学生正确的世界观、人生观和价值观的形成。如：通过讲述艺人追求真理、坚守信念的故事，启发学生树立远大理想，确立崇高信念。在艺术课上，教师要把立德树人的内容巧妙地融合在一起。比如教授国画，既可以传授绘画技艺，也可以讲述其背后蕴含的文化内涵、寓意、道德观念和情感等，潜移默化地对学生进行熏陶和引导，让他们感受到艺术作品传递的正能量的同时，也感受到了道德的力量。在艺术实践活动中，也应注重德育教育的渗透。如组织学生参加艺术创作或文艺演出，引导学他们会合作，学会分享，学会尊重他人，培养其团队协作精神和集体荣誉感。

四、应对策略与建议

（一）政策支持

政府的引导和扶持在教育领域发挥着举足轻重的作用，特别对小学艺术课程德育模式的发展起着推动的作用。政府应从政策上明确艺术课程在德育中的重要地位，给予必要的经费和资源支持，同时还可以通过开展德育创新项目、优秀艺术课程评选等方式，激励学校和广大教师积极探索实践。在教育方针的制定和实施过程中注重文化与艺术的联系，通过修订课程标准、健全教材体系等手段，在小学艺术课程中融入传统文化和艺术元素，使之成为德育的有效载体。政府还可以促进跨学科的研究和合作，促进艺术教育与其他学科的深度融合，达到德育效果的最大限度发挥。

（二）学校实践

学校是教育实施的主体，在艺术课程德育模式建设方面，要充分发挥应有的作用，结合自身特点和实际情况制订切实可行的艺术课程德育方案。在课程设置上，注重选择丰富有趣的内容，激发学生的学习兴趣和参与热情，在重视培养学生德育工作能力的同时，也要着重支持教师职业素养的提高，如可以利用情景教学、项目式学习等多种教学手段和方式。所以学校要加大教师培训力度，在提高教师职业素养、增强其德育工作能力的基础上，对教师专业发展也给予重点支持，如组织校内外专家讲座等。使教师深入体会文化自信的内涵和要求，帮助他们更深刻地理解以及掌握艺术课程与德育融合的方法和策略等。同时，学校还应对教师参与德育实践与研究工作予以鼓励。并为他们提供必要的资源和支持等。综合起来，学校可以通过组织各种形式的活动来促使教师更好地理解文化自信的重要性，并在实践中运用相关知识与技能。

（三）社会参与

在构建艺术课程德育模式方面，社会资源和文化机构起到了重要的补充作用，无论是学校还是艺术团体都能积极参与，共同开发德育资源，进行艺术课程的教学与教研工作，使学生对传统文化的魅力与价值有更直观的感受，同时这些机构也能在专家指导、教学资源等方面为学校给予多方面的保证，以利于充分发挥学校教育工作的重要协作方——家长和社团的作用。为构建艺术课德育工作格局，学校可加强与家长和社团的沟通与合作，通过家长会、社团活动等多种形式共同推进艺术课程德育工作有效开展。学校开展德育实践活动时，除了扮演德育导师的角色外，还要组织德育实践活动，并邀请家长及社区人士共同参与，使学生得到更广阔的德育教育平台。

五、挑战与反思

（一）文化融合难度大

文化融合难度大，挑战不能忽视。这种难度主要体现在：如何将深厚的传统文化与现代艺术教育理念和方法有机结合起来，使之既能与现代教育体系相适应，又能与小学生的认知特点相适应；既能传承中华文化的精髓，又能展现中华文化博大精深及其蕴含的丰富多样的元素；既有历史的故事，又有传统的艺术，还有民间的技艺，可谓千姿百态，精彩纷呈。中国传统文化中的传统技艺、传统技艺厚重的历史和人文，蕴含在每一个文化符号的背后。传统与现代，往往存在着时代的差异、语境的差异、价值观的差异，文化融合的第一个难题就是如何在这两者之间找到契合点。小学生对传统文化的认知能力有限，接受能力也有限。这就要求教师在选择文化内容和表达方式时，一定要充分考虑到小学生的年龄特点和心理需求，进行文化融合。如何将传统文化的精髓通过小学生喜闻乐见的形式传递给他们，是另一个巨大的文化融合挑战。传统文化教育注重文化传承和精神熏陶，现代艺术教育注重培养学生的创新思维和动手能力。二者在教育目标、教育方式等方面存在着一定的差异。

如何巧妙地将传统文化元素融入其中，让学生在学习艺术的过程中感受中华文化的魅力，同时又能保持艺术教育的精髓，这是我们在进行文化融合的时候需要深入思考的一点。需要采取一系列有效的应对策略来应对这些挑战。教师要加强自身的文化修养，深入研究和理解传统文化的内涵与价值，使自己与艺术教育更好地融合。教师要创新教学方式，把传统文化知识寓教于乐，结合小学生的认知特点，运用生动有趣的教学方式。如激发学生的学习兴趣和参与度，通过故事讲解、角色扮演、实际操作等多种形式进行讲解。还要注意与现代艺术教育的理念相结合，确保文化的融会贯通，不偏离艺术教育的本质和目标。

（二）学生的主体地位

学生的主体地位，不仅是指学生在受教育过程中要占据中心位置，更重要的是要充分考虑学生的需求、兴趣和特点，使之成为学习的主体，在受教育的过程中真正做到主动参与，所以德育常规模式受到学生主体地位的挑战。教师在传统德育模式下，往往是知识的传授者，而被动受教育者是学生。但在现代教育理念中，学生在主观能动性强的情况下，不再是知识的简单容器，而成为具有较强学习性的人。这就要求德育模式的构建必须以学生为中心，充分发挥他们的主观能动性，让其在艺术课程的学习中主动探索、实践和体验。教师在立德树人的过程中，要保证学生的主体地位，就需要角色的转换。教师不再是单纯的传授知识的人，而应成为发挥引导作用和促进学生学习的人。教师需要改变教学方式，能够根据学生的需求和兴趣设计教学内容和方法，激发他们的学习兴趣和提升其学习动力，在德育教育过程中能够主动引导学生参与，具有较高的教育智慧和教学能力。如何把学生的主体地位真正体现到德育模式的构建中，还需要深入思考。一方面要注意学生的个性差异，需求的多样化。每个学生都是兴趣爱好、才艺各异的独特个体。因此，德育模式的构建应充分考虑学生的个体差异，提供多样化的学习资源和活动，以满足不同学生的需求。另一方面，鼓励学生积极参与，也是构建德育工作格局的需要。在德育工作中学生既是学习的主体，又是重要的参与方。他们可以提出意见和建议，帮助教师不断完善德育模式。同时，通过参与德育模式的构建，学生也可以更加深入地了解自己的需求和兴趣，从而更加主动地投入学习中。我们也要建立以学生为主体的德育考核制度。传统的德育考核制度，往往忽视了学生的自评，也忽视了基于教师的考核和同伴的评价。在新的德育模式下，鼓励进行学生的自我评价和同伴的评价，使他们更加了解自己的学习情况，发现自身的优点和不足，从而使学习目标和方向更加明确。

（三）学生接受度差异

由于学生的家庭背景、生活经历、个性特点各不相同，他们对于艺术课程中所传递的文化自信内容的理解和接受程度也必然存在差异。这种差异不仅影响了德育工作的成效，而且对教师的教学策略要求也更高了。

学生接受度差异表现在对文化自信内容的理解上。有些学生可能对于传统文化和艺术有着浓厚的兴趣，能够迅速理解和吸收课程中的文化自信元素。而另一些学生可能对这方面内容相对陌生，需要更多的时间和引导才能使他们逐步建立起对传统文化的认知和产生兴趣。要求教师在德育教育过程中，必须充分考虑学生个体的差异，运用不同的教学手段，针对不同学生的需求进行教学。学生对艺术形式的偏好也反映为其接受度的差异，即有些学生对绘画有浓厚的兴趣，有些学生热爱音乐或舞蹈。教师在艺术课程德育模式的设计中，为了使学生在他们感兴趣的领域内进行深入的探索和体验，形成对文化自信的认识需为其提供多元化的艺术表现形式。

教师为应对学生接受度差异的挑战，将采取一系列的应对策略。第一，教师想要对教学内容和教学方式更好地进行设计，可以采用课前的调查或测试等形式，充分了解学生的文化背景和兴趣要点。第二，对不同学生的需求进行有针对性的教学。第三，教师在教学过程中，要注意观察学生的反应，及时调整教学策略，保证每一位学生在教学过程中都能及时跟上教学进度；教师还可以利用小组合作学习的形式，让学生在群体中互帮互助，取长补短，在接受程度上减少差异。我们需要认识和反思学生的接受度差异是客观存在的，它是学生个性化发展的重要体现。所以，我们不应该试图消除这种差异，而应该对这种差异加以尊重和利用，把个性化的教育服务提供给每一位学生。同时，适应学生不断变化的学习需求和兴趣爱好，需要不断探索和创新德育工作模式。

（四）课程设计与实施

要在艺术课程中融入文化自信，教师首先要有深厚的文化素养，同时要了解小学生的认知特点，使课程内容既体现文化自信，又能激发学生的学习兴趣。在设计课程时，要保证文化自信内容的连贯性和深度，避免浅尝辄止或过于深奥，教师要精心规划课程内容，使之既符合小学生的认知水平，又能引导学生逐步理解和接受传统文化。艺术课程以培养学生艺术素养和审美能力为主要目的，而为了保证两者互为补充且互不干扰，在融入文化自信的过程中，需要将艺术教育与品德教育的比例进行平衡，以使学生得到全面的发展。在艺术课程中融入文化自信，不仅有利于学生形成对中华优秀传统文化的自觉认同感和文化自信，而且对于培养学生的艺术素养和审美能力，提高他们对于世界文化艺术的认知水平，具有十分重要的意义。在实际教学过程中，由于教学资源如教材、教具等的不足以及教师专业发展支持程度不够，都可能造成课程设计与实施的效果受到影响。如上所述，这些问题都会在一定程度上影响课程实施的过程。

在课程设计上，首先要加深对文化自信的认识，弄清自己在艺术课程中所处的位置和所起的作用，做到心中有数。文化自信既是对传统文化的继承，又是对其现代价值的探索和创新。因此，在课程设置上要以学生为本，从他们的认知层次和年龄特点出发，引导其认识传统文化的现代价值。为了调动学生的学习兴趣，要以贴近学生生活实际的内容为主。同时，还以学生个体差异为依据，在提供多样化学习资源和活动的基础上，针对学生的不同需求，对课程设计要有一个全面的考虑。教师是课程设计与实施的关键，因此要加大对教师专业发展的支持，在建立文化自信的基础上，为教师提供必要的培训和相关资源，使他们对艺术课程德育工作模式有更深入的认识和更好的执行能力。同时要鼓励教师之间的交流与合作，共同提高课程设计实施质量，通过学生自评、同伴评价、教师评价等多种考核方式，使学生对德育工作有更全面的认识和良好评价能力，从而保证德育目标的达成。根据考核结果对课程设计和实施策略进行适时的调整，使之与德育目标相适应。因此，教师是课程设计与实施的关键，只有加强对教师专业发展的支持，才能使课程更好地执行德育工作。

六、结语

经过对小学艺术课程德育模式如何联系文化自信的深入调研之后，这一研究成果明确指出了文化自信在小学艺术课程德育模式构建中具有举足轻重的作用。文化自信不仅为小学艺术课程提供了丰富的德育资源，而且对于培养学生全面发展并形成健全人格起着关键作用。需要将传统文化艺术与德育课程相融合，既能使学生在审美上得到提高，又能培养他们的道德品质，从而有效地增强其文化认同感。本研究成果在构建小学艺术课程德育工作格局方面发挥了借鉴作用。同时也起到了促进学生正确审美观的形成，提升了他们的人文修养。这一研究成果无论从理论上还是从实践上看，都具有相当大的参考意义。本研究通过深入的调研和理论分析促进小学艺术德育模式建设在文化自信的引领下取得了一定的成效。

针对当前小学艺术课程德育模式所遇到的种种困难与制约因素，可以就创新德育模式的迫切性和可行性进行深入阐述。要把以学生为中心的思想贯穿始终，把跨学科的融合和传统文化与艺术课程的融合结合起来，在教学方法和教学手段上有所创新，在促进教师专业发展上给予强有力的支持，才能有效地推动小学艺术课程德育模式的创新与发展。

小学艺术课程德育模式研究的发展前景被十分看好，既有巨大的空间可供拓展，又有很大的潜力等待挖掘。进一步探讨艺术课程如何融入更多的传统文化元素，艺术课程如何与其他学科实现更深层次的融合，如何运用现代信息技术手段来提升艺术课程的德育效果等问题，都是当前艺术课程德育工作中迫切需要深入研究的课题。为创新德育模式提供更为有力的保障和支撑，除了政策扶持和社会参与之外，还需要重视教师在创新德育模式中所起的作用和定位问题，在教师培训中提高这方面的重视程度。经过不断的研究和实践活动，我们认为，小学艺术课程的德育工作模式建设应与时代发展相适应，对学生整体发展将起到更大的帮助作用。将这样的信念贯彻始终，我们的小学艺术课程德育工作模式会得到不断的完善。

"和合"民族文化教育视角下
小学艺术教育校本课程的建设和实施

习近平总书记指出："一个民族、一个国家的核心价值观必须同这个民族、这个国家的历史文化相契合，同这个民族、这个国家的人民正在进行的奋斗相结合，同这个民族、这个国家需要解决的时代问题相适应。"继承和弘扬中华优秀传统文化，要认真汲取思想和道德的精华，这是习近平在《习近平新时代中国特色社会主义思想学生读本》中深刻提到的。讲清楚中华优秀传统文化的历史渊源、发展脉络、基本走向，讲清楚中华优秀传统文化的独特创造和鲜明特色的价值理念，增强中华优秀传统文化的文化自信和价值观自信，既要讲清楚中华优秀传统文化的历史渊源，又要讲清楚中华优秀传统文化的发展脉络和基本走向。深入挖掘和阐发中华优秀传统文化讲仁爱、重民本、守诚信、崇正义、尚和合、求大同的时代价值，使之成为涵养社会主义核心价值观、弘扬中华优秀传统文化、弘扬中华优秀传统文化正气、弘扬中华优秀传统文化的重要源泉，弘扬中华优秀传统文化对传统文化资源进行系统梳理，让博物馆收藏的文物鲜活起来，让广袤大地上陈列的遗产鲜活起来，让书写于古籍中的文字鲜活起来。

一、提高小学生"和合"民族文化认同保证

"和"字渊源，始于《易经》，后演变成中华优秀传统文化。中国人民大学张立文教授提出"和合文化"这个术语，是指汉族和合文化。"和"是中国哲学中很重要的一个概念，用现在的话说，就是"和谐"的意思。"和"本身已经包含了"合"的意思，就是由相和的事物融合而产生新事物。中华民族的文化追求就是从"和合"理念开始的。应通过开展民族团结教育和爱国主义教育，增强各民族的自我认同和相互认同，牢固树立"三个离不开"的中华文明是各民族共同创造的。以"和合为导"，提高小学生"和合"民族文化的认同，是培养他们具有深厚民族情感和社会责任感的重要一环。在教育过程中，我们应该注重培养学生对"和合"文化的理解和认同，通过各种形式的教育活动，让学生感受到"和合"文化的独特魅力和价值，从小铸牢中华民族共同体意识，真正树立对"和合"文化的认同，成为具有民族情怀、世界胸怀的新一代，为实现民族团结、社会和谐、世界和平积极贡献力量。

二、小学艺术教育的校本课程功能需要

在内容上，融入了民族文化元素，课程内容精选了经典民乐、民族舞蹈、民间工艺等中华民族的艺术精华，使学生对我国传统艺术有深刻理解和体会。强调艺术与生活的关系，内容设计突出艺术与日常生活的联系，让学生感受到艺术不仅仅是在舞台上的表演，

更多地存在于生活中。在介绍中华民族艺术的同时，帮助学生开阔眼界，培养跨文化的认识与尊重，也可以适当引进其他国家和地区的艺术形式。

在方法上，课程实施以组织手工制作、参观博物馆、体验工作坊等多种形式，让学生亲身参与艺术创作和文艺演出，注重学生的实践体验。为培养学生自主学习的能力和相互协作的能力，鼓励学生围绕某一艺术主题，以项目式的学习方式进行深入探究。艺术与其他学科有很多交集，可以采取跨学科整合，将少先队活动、信息技术、语文等学科内容进行整合，让学生在提高综合学习能力的同时，对艺术进行探究。

从效果来看，学生通过学习和实践，能更敏锐地发现生活中的美好事物，审美品位也得到了更好的提升。艺术教育讲究个性和创意，校本课程要激发学生的创新思维，鼓励学生在艺术领域中勇于探索、勇于创新。学生通过对中华民族艺术传统的深入了解和体验，更深刻地感受到自己承担的责任，从而将中华民族的共同体意识铸就得更加牢固。艺术教育校本课程注重学生的全面发展，结合多样化的学习方法和评估手段，让学生在艺术领域得到全面的提升。

三、利用艺术教育校本课程的重要性

在内容上，民族文化资源在小学民族教育艺术校本课程中的融入度还不够系统全面。现阶段，在实际教育教学的操作过程中，很多小学艺术校本课程对民族文化资源的开发和利用仅仅局限于艺术教材或一些碎片化的文化资源，没有系统、认真地规划和梳理民族文化与当前教育形式下的意识形态目标，以及和培养学生核心价值观进行融入融合，教育教学的碎片化问题还比较突出，这降低了民族教育艺术课的教学效果。

在方法上，民族文化资源在小学民族教育艺术课中的融入方式不够灵活多样。在课内教育方面，目前小学民族教育艺术课中传统文化的教学内容比重不高，教学方法也比较单一呆板。小学生在了解中华民族文化的时候受知识储备和理解水平的限制，会感觉艰涩难懂、枯燥高深，而教师在教学时大多数采用课堂中的讲授方式，较难引起学生的共鸣，从而无法达到文化认同。在拓展教育方面，虽然中华民族文化的教育教学资源非常丰富，但是缺乏对民族文化的学习指导和研究氛围，因而学生对中华优秀民族文化认知不足。

从效果来看，中华优秀民族文化资源在小学民族教育艺术课中的融入深度不够。小学生的知识水平是有限的，认知阶段处于从感性认识向理性认识方向发展的过程中，因此许多具有深厚历史文化底蕴的民族文化并不容易被小学生所接受和理解，想要开展小学民族教育艺术课，并融入民族文化资源，有一定的深度，还需要更深入的了解和研究。

四、新课程改革促进学科整合发展的需要

新课程改革对促进学科一体化发展具有不可忽视的促进作用。在现代教育中，学科之间的交叉与融合已成为一种趋势，这不仅有助于拓宽学生的知识视野，还有助于培养他们综合分析问题和解决问题的能力。我国是一个多民族的国家，拥有丰富的民族文化资源。在小学艺术教育中融入民族文化，不仅可以使优秀的民族文化

得到传承和弘扬，而且可以使艺术教育的教学内容更加丰富，让学生在学习的过程中感受到民族文化的魅力，增强民族自豪感和认同感。教师可以将民族舞蹈、音乐、戏曲、绘画等多种艺术形式融入小学艺术课堂，使学生在欣赏、学习、习作中得到锻炼，对民族文化的内涵、特色有更深入的了解和认识，在实践中感受到民族文化的魅力。通过组织民族文化宣传、文艺汇演等活动，激发学生的学习兴趣和积极性。新课程改革推动学科融合，教师要充分利用这一契机，在培养有民族情怀、有艺术修养的新生代人才方面，把民族文化教育与小学艺术教育有机结合起来，贡献自己的力量。

五、艺术类教育校本课程的实施与建设

综观各国小学艺术教育，校本课程的实施与建设呈现出多样化、创新性和实践性等特点。

（1）在美国，小学艺术教育的校本课程建设与执行一直备受瞩目和关注，学校一般将其纳入核心课程体系，作为培养学生创造力、培养批判性思维和沟通能力的重要途径之一。美国的小学艺术教育以实践性和创新性为突出特征，学生通过参加艺术工作坊、艺术家驻校项目等活动，对各类艺术形式有深入的了解。另外，为促进学生的跨学科整合与全面发展，美国的小学艺术教育也强调艺术与其他学科的融会贯通。

（2）在英国，小学艺术教育校本课程注重学生审美意识的培养和创造能力的培养，学校通常将艺术教育纳入课程计划，并提供丰富的艺术资源和设施，如艺术教室、艺术材料、音乐设备等。英国的小学艺术教育强调教师的专业发展，鼓励教师参加艺术培训和研

究项目，提升艺术教育水平。此外，英国的小学还注重与家长和社区的合作，通过举办艺术展览、音乐会等活动，展示学生的艺术成果，增强学校和社区的互动。

（3）在日本，学校将传统的艺术，如茶道和日本舞蹈等纳入课程体系，并邀请专业人士进行辅导。另外，日本的小学教育也着重于让学生参与，通过组织实地考察交流等多种形式的活动，使学生对传统艺术有更深刻的认识和体会。而且，日本的小学也重视与家庭社区的协作，以家庭作业、社区活动项目等形式将艺术教育延伸到学生的日常生活中。在日本，有一本以培养学生创新思维和多元文化意识为主要内容的《小学艺术教育校本教程》，其着眼于日本传统文化意识和学生动手能力的培养。学校会给学生提供优质的艺术资源与设施，举办包括绘画、雕塑、摄影等各种艺术活动，从多方面培养学生。

（4）大洋洲的小学艺术教育也强调跨学科的融合，以促进学生的全面发展。大洋洲很多国家的小学注重通过举办画展、文化节等活动，通过与家长及社区的合作，让学生的艺术成果得以展现，提升学校及社区的互动性。

"和合"文化是中国传统文化的核心组成部分，强调和合思想，融会贯通。这一思想近年来也逐渐被国外教育界所重视，对其民族文化教育造成了不同程度的影响。主要有四大内容：学术研究、教育理念融合、课程与内容设置、文化交流活动、挑战与限制。

学术研究：国外学术界对"和合"文化的研究逐渐兴起。学者们开始关注这一思想在中国历史、哲学、艺术等领域的运用，并对其与当今世界的关联性进行了探讨。

教育理念融合：一些国外的学校和教育机构开始尝试将"和合"理念融入自己的教育。他们鼓励学生学习和欣赏不同文化，培养包容和尊重差异的态度，这与"和合"文化的核心理念相契合。

课程与内容设置：在部分学校，有关"和合"文化和其他东方哲学的课程逐渐增多。这些课程帮助学生了解"和合"的深层含义，以及它在艺术、文学、日常生活中的应用。

文化交流活动：国外的一些机构和组织积极举办与"和合"文化相关的交流活动，如艺术节、展览、讲座等。这些活动为国外民众提供对"和合"文化的认识与体验成为促进不同文化间交流与融合的契机。

挑战与限制："和合"文化虽然在国外得到了一定的重视与运用，但仍面临着一定的挑战与限制，如何准确传达"和合"文化的精髓，避免文化上的误解与偏见是教育者需要面对的问题。另外，由于文化上的差异与教育制度的不同，结合"和合"文化与当地教育实际，需要经过一个长期的探索过程。因此，教育工作者需要不断探索，努力把"和合"文化的内涵与本土教育实际相融合。

近几年，我国小学艺术教育校本课程的发展受到越来越多人的关注和重视。很多小学已认识到艺术教育的重要性，开始在课程内容的充实和创新上加以重视。除传统民族艺术外，他们还将现代艺术形式和跨文化的艺术元素引入课程体系，以给学生提供更加多元化的学习体验。在授课方式上，国内的小学也开始尝试不同的授课模式，除了传统的课堂讲授之外，不少学校还采用实践性的教学方式，如工作坊、艺术家进校园以及实地考察等，使学生在亲身参与中感受艺术的魅力。总之，通过建设与实施小学艺术教育校本课程，使学生在参与中体验艺术的乐趣。国内小学开始重视与社区的合作，开展艺术展览等活动，以展示学生的艺术成果，促进学校与社区的互动，为学生的才艺展示提供平台，也为学校树立了良好的社会形象。为保证艺术教育校本课程的效果，部分学校开始着手改进考核体系，既重视学生的艺术创作成果，又关注学生在艺术学习过程中的表现与进步，通过多元化的考核方式全面评价学生的艺术素养与审美能力。有的学校为了增加艺术教育资源的丰富性而尝试对已有资源进行整合与共享。它们与其他学校、文化机构等建立合作伙伴关系，在艺术教育方面进行资源共享，为学生提供更广阔的学习平台。

虽然在一定程度上得到了发展和重视，但国内小学艺术教育的建设和实施也出现了不容忽视的问题。虽然不少学校的艺术教育课程设置形式多样，但在课程内容和形式上缺乏特色和新意。部分学校在地域文化、民族艺术资源利用上过于依赖教材和传统教学手段，导致课程设置针对性、实效性不强。艺术教育注重实践和体验，部分学校由于场地、设备、师资等条件的限制，不能在学校实施这门课程的过程中为学生提供充分的实践锻炼机会，这就造成了学生对艺术教育的深度参与和切身体会不够，难以真切地感受艺术的魅力。艺术教育与其他学科的融合是促进学生学习效果的重要途径，但部分学校在实施这门课程的过程中，存在着跨学科融合不够深入的现象。各学科之间缺乏有机融合的教学内容和教学方式，造成了艺术教育与其他学科的割裂。艺术教育关注的是学生的个性和创造力，所以需要学校建立完善的评价和反馈机制。部分学校在推行这门课时，评价和反馈机制还不健全，太过单一的评判标准，缺乏针对性和实效性，造成不能综合客观地评价学生的艺术成绩。艺术教育需要家长和社区的支持和参与，部分学校和家长、社区的配合还不够紧密，家长对艺术教育的认知和支持不足，社区资源未能得到充分利用，导致学校艺术教育缺乏强有力的外部支持。

六、"和合"民族文化教育与艺术课程的关系

中国人民大学教授张立文提出用和合学概括中国哲学，尤以儒家之"和"气为最。现阶段国内"和合"民族文化教育主要有四方面的内容：和合理念的培养、传统文化的学习、德育内容的渗透、实践活动的参与。和合理念的培养，指出"和合"民族文化教育的核心在于培养学生理解和认同和合的理念。这包括引导学生认识和合的价值观，如和谐、包容、合作等，并内化这些价值观为自身的行为准则。传统文化的学习，指的是"和合"文化和中华传统文化是紧密联系在一起的。"和合"民族文化教育注重引导学生学习相关的传统文化知识，加深对"和合"文化的理解。德育渗透内容，指和合的民族文化教育紧扣德育教育。"和合"民族文化教育在德育教育中，注重对学生良好品德、行为习惯的引导。实践活动的参与，指除了课堂教育，"和合"民族文化教育注重参与实践活动。让学生在实践中体验和谐精神，在动手能力方面培养合作精神。

小学艺术教育校本课程的建设与实践与"和合"民族文化教育都是当今研究的热点，"和合"民族文化教育的趣味性及小学艺术教育校本课程教学的实践性的问题尚需深入研究。当前小学艺术教育校本课程的建设实施与"和合"民族文化教育研究的交汇点较少，且多停留在思想内容层面，有待我们去深入开发。我国"和

合"民族文化教育与小学艺术教育教学之间尚未形成适合两者共同发展的教育模式和权威指引，"和合"民族文化教育与小学艺术教育校本课程教学之间的资源、内容、方法及评价等的关联有待探索，如何将理论指导和渗透"和合"民族文化教育的小学艺术教育校本课程教学实践有效结合，成为我们迫切需要解决的问题；如何根据学校自身状况有效地在小学艺术教育校本课程教学中融合"和合"民族文化教育成为现今研究的重点。

七、研究理论对"和合"民族文化及艺术教育的支撑

马克思关于人的全面发展的理论，强调的是人在体力、智力、道德、情感、社会性等诸多方面的全面的、自由的、和谐的发展。这一理论的核心在于：人的发展不仅仅是经济的或政治的，更是全面的、自由的、具有个性特征的发展。在"和合"民族文化教育背景下，小学艺术教育的实施可以看作是实现马克思关于人的全面发展理论的一种途径。实施小学艺术教育，可以看作是全面发展马克思学说的具体实践，是从"和合"民族文化教育的角度出发的。这样的练习不仅对提高学生的艺术素养和审美能力有很大的帮助，而且对促进学生的全面发展，最终达到育人目的，也有很大的促进作用。

艺术教育既能培养学生的艺术技能和审美能力，又是开展德育工作的有效途径。学生接触多元文化和价值观，通过艺术教育培养包容的品质。立德树人的目标是培养学生的品德和良好的行为习惯。把德育内容融入艺术教育，能使学生在艺术熏陶中，对道德规范的理解和内化变得水到渠成。

艺术教育中的"和合"民族文化体现如下："和合"民族文化倡导的和合思想和共融思想，在艺术教育中与道德教育的目标高度契合。通过学习和欣赏代表"和合"文化的艺术作品，学生可以体会和谐、包容的精神内涵，从而培养其"和合"的道德品质。艺术教育在"和合"民族文化的主导下，更强调让学生感受道德的力量，在艺术情境中实现道德的自我建构，把道德教育与艺术教育有机地结合起来，相互渗透，这是艺术教育在艺术情境中的一种体现。艺术教育的方法和策略，以艺术作品为载体，挖掘其中的道德教育资源，使学生在欣赏与创造的过程中，自然而然地受到道德教育。创设富有"和合"文化特色的艺术活动，让学生在参与中体验和谐、融合的道德精神，培养其团队合作、互助互爱的道德品质。教师的角色也至关重要，他们应该作为引导者，协助学生在艺术活动中发现和理解道德价值，培养"和合"的道德品质。

艺术教育校本课程应充分发掘学生的多元智能，通过音乐、美术、舞蹈等多种形式，培养学生的审美情感、创新思维和实践能力。教育要尊重文化的多样性，推动不同文化之间的沟通和认识。在校本课程的建设和实施中，应注重民族文化的多样性，引入不同民族的艺术形式和文化元素，让学生了解不同民族的文化、尊重不同民族的文化，培养学生跨文化交流的能力。课程作为一个重要的体系，要有机地统筹起来，不同学科之间要相互渗透、融会贯通。在校本课程的建设和实施中，注重艺术教育与其他学科的融合，在语文、信息技术、综合实践等学科中融入艺术元素。艺术教育内部的融合也应得到重视，做到音乐、美术、舞蹈等多种艺术形式之间的融合。

建构主义学习理论认为，学习者通过已有的经验和知识，以建构新的知识和认识为目的，与外部环境互动，学习是一个主动的过程。这一理论强调了学习者的主体性，认为学习者不是被动地接受知识，而是主动地建构知识，这是对知识的一种思考，也是对知识的一种认识的一种思考，是对知识的一种认识"和合"民族文化教育与建构主义的契合，重视学习者的主体性，"和合"民族文化教育强调以人为本，尊重学习者的个性和差异。这与学习者在建构主义学习理论中的主体性观点是一致的。强调经验与互动，"和合"民族文化教育注重学生的经验和体验，鼓励学生在实际情境中学习和体验。建构主义学习理论还强调学习者与外部环境的互动，通过体验来建构知识。注重知识的整合与意义建构。"和合"民族文化教育倡导多元文化的融合，鼓励学生将不同领域的知识整合在一起，形成新的理解。这与知识的融会贯通相一致，也与构造主义学习理论中的构建含义相吻合。

八、"和合"民族文化教育视角下小学艺术教育校本课程特色

深入挖掘"和合"民族文化的精神内涵，将其与小学艺术教育校本课程的建设与实施紧密结合。这一举措不仅丰富了德育教育的内容，而且使学生更加深刻地理解和体会到中华民族共同体意识的深刻含义。

多元文化的融合的内容设计，不仅关注主流文化，还积极引入少数民族和其他地区的文化元素，对于培养学生尊重、包容不同文化，铸牢中华民族的共同体意识功不可没。

艺术与校本课程实践的结合，不仅注重艺术教育的理论教学，更重视实践体验。通过组织学生参加艺术创作、文艺演出等活动，让学生亲身体验、感受中华民族共同体意识的内涵，并在实践中得到锻炼。

跨学科教学方法，提倡跨学科教学，将艺术教育与少先队活动课、道德与法治课、语文课等其他学科相结合，使学生在学习中形成对中华民族共同体意识更全面、更深入的理解。

通过艺术教育校本课程的建设与实施，使学生行为的自觉践行。从效果来看，学生在情感上与中华民族的共同体意识产生了共鸣，从而对这种意识产生了更深层次的认同，形成了强烈的民族自豪感。

九、"和合"民族文化教育视角下小学艺术教育校本课程教学内容

（一）"和合"民族文化教育视角下小学艺术教育校本课程教学内容的研究

致力于研究符合小学生身心、年龄特点的民族团结教育的具体内容，以"和合文化"为核心，循序渐进，由浅入深，达到按年龄梯次划分的合理次序。

1. "和合"民族文化教育视角下小学艺术教育校本课程内容选择的原则

在"和合"民族文化教育的视角下，在内容选择上，首先，要与大纲保持一致，符合新课标的教学要求；其次，内容要体现与当代社会发展相适应的中华民族传统美德和精神风貌，具有民族性和时

代性，引导学生树立正确的社会主义核心价值观；再次，内容应具有艺术性，通过艺术教育的方式，让学生感受到美的熏陶，提升审美素养；最后，内容应具有德育性，将德育目标融入艺术教学，实现德育与美育的有机结合。

2. "和合"民族文化教育视角下小学艺术教育校本课程内容选择的范围

（1）音乐类（花城出版社版）。

表1-1　音乐类内容

教学内容	教学目标
民族音乐欣赏	教材精选大量民族音乐作品供学生欣赏学习。这些音乐作品涵盖了各个民族和地区的经典曲目，让学生能够通过音乐感受到不同民族的文化韵味
民族乐器介绍	教材中介绍了多种民族乐器，学生不仅能了解这些乐器的外形、结构和演奏方法，还通过学科融合亲自制作乐器，加深对民族乐器的认知
民族歌曲演唱	教材中包含了许多脍炙人口的民族歌曲，学生通过学习这些歌曲，不仅能够提高自己的演唱技巧，还能更加深入地了解民族文化
民族舞蹈学习	教材中还涉及了一些民族舞蹈的学习，如藏族舞、瑶族舞、傣族舞等。学生通过模仿和学习这些舞蹈动作，不仅能够锻炼身体协调性，还能感受到民族舞蹈的独特魅力
民族文化探究	鼓励学生对文化背景、不同民族的历史渊源进行主动探究。通过了解、绘画和比较不同民族的风俗习惯、服饰特点等，学生能够更加全面地认识中华民族多元一体的文化格局

（2）美术类（岭南出版社版）。

表1-2　美术类内容

教学内容	教学目标
民族美术经典	许多具有代表性的民族美术作品都是从教材中精选出来的，以供学生欣赏、借鉴。这些作品既有古代的传统民族美术，也有近现代民族艺术家的杰作，展现了民族美术的丰富性和独特性
民族美术技法	教材对国画、书法、剪纸等多种民族美术技法进行了详细介绍。学生可以通过学习这些技法，了解民族美术的创作过程和特点，感受民族美术的魅力
民族美术内涵	在介绍民族美术作品和技法的同时，教材还深入挖掘了这些美术形式背后的文化内涵。例如，通过解析国画的构图、色彩运用等，引导学生理解其中蕴含的和谐、自然等民族文化精神
鼓励创新实践	以民族美术的学习和鉴赏为基础，鼓励学生创新实践。这种实践既能模仿练习民族艺术技法，又能根据民族艺术元素进行创新创作，在实践中有助于学生加深对民族艺术和民族文化的理解

（3）地方特色类（如广府文化）。

表1-3　地方特色类内容

教学内容	教学目标
粤语童谣	广府童谣蕴含了民族精神和文化精髓，体现了广府文化的独特魅力和民族文化价值，具有鲜明的地域特色和充满童趣的文化特色。了解和传承广州地区传统文化和中华优秀传统文化，通过传唱、学习粤语童谣等方式。激发学生培养民族精神、提高凝聚力的爱国热情和民族自豪感

（4）综合艺术类。

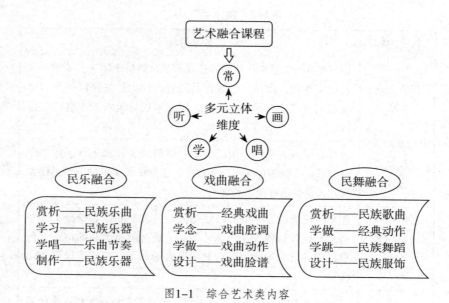

图1-1　综合艺术类内容

（二）"和合"民族文化教育视角下小学艺术教育校本课程建设与实施教学策略的研究

常见教学方法有创设情境、陶冶情操、练习心得等。教师通过创设具有民族文化特色的教学情境，可以让学生在特定的文化氛围中感受到艺术的魅力。同时，教师能引导学生以情感陶冶的方式产生正面的情感经历，养成良好的品德。此外，教师还可以通过实践体验的方法，让学生在亲身参与艺术活动的过程中，深化对民族文化的理解和认同。具体研究内容如下：

1."和合"民族文化教育视角下小学艺术教育校本课程建设与实施策略的使用原则

在使用"和合"民族文化教育视角下的德育策略时，需要遵循适度性、针对性、启发性等原则。要根据学生的年龄特点和认知水平，选择适合的教学策略，以适当性为原则，量力而行。针对学生的具体问题有的放矢地运用德育策略。启发性原则指在使用德育策略时，要注重引导学生自主思考、自我反省和自我教育。通过启发式的教学方式，激发学生的学习兴趣和热情，培养学生的自主学习能力和创新精神，使学生在轻松愉快的氛围中接受德育教育，铸就中华民族共同体意识。

和合民族文化视角下小学艺术教育校本课程建设与实施策略使用的原则，如图1-2所示。

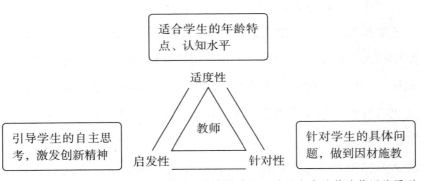

图1-2　和合民族文化视角下小学艺术教育校本课程建设与实施策略使用的原则

2. "和合"民族文化教育视角下小学艺术教育校本课程的建设与实施策略运用的过程

针对"和合"民族文化教育与小学艺术教育校本课程的实践性特点，教学实践全过程包括：课前储备"和合"民族文化信息相关的艺术课程信息—课上艺术教育实践—课后艺术教育实践。而在课堂上活动化策略的流程则按照"呈现—演绎—活动/讨论—评价反思"步骤来实行。在运用"和合"民族文化教育视角下的德育策略时，首先要明确教学目标，确定要传授的德育内容和艺术形式。其次，在具体的文化氛围中，选择恰当的教学策略，创设引导学生感受艺术魅力的教学情境。在教学过程中，注重让学生在亲身参与的过程中，加深对民族文化的认识和认同，注重学生的情感经历和实践体会。最后，要对教学过程进行总结评价，反思教学策略的使用效果，为今后的教学提供改进的依据。

3."和合"民族文化教育视角下小学艺术教育校本课程建设策略实施的内容

主要包括三个方面的内容：

（1）教学准备方面。

紧扣教学目标的细化，紧扣学情的分析；辅以多种形式，从实际生活出发；做好教师培训工作，促进教师的民族文化素养"和睦相处"。首先，明确并细化艺术教育的教学目标。将"和合"民族文化的价值观念、传统美德等融入艺术教育的具体教学目标之中。其次，全面了解学生的年龄特征、认知水平、兴趣需求等，以确保教学内容和方法与学生的实际情况相匹配。在"和合"民族文化教育的视角下，根据学生的学情，选择适合他们的民族艺术作品，通过艺术作品传递"和合"文化的精神内涵。再次，为了使学生更好地理解和接受"和合"民族文化，可以准备多种形式的辅助教具、教材。引入民族音乐、舞蹈、戏曲、绘画等艺术作品，让学生通过观赏、倾听、模仿等方式感受民族艺术的魅力。同时，教师还可以从实际生活中取材，挖掘身边的"和合"文化元素，让学生更直观地理解"和合"文化的内涵。最后，提高教师的"和合"民族文化素养是实施德育策略的关键。注重教师队伍的培养，推动教师业务水平的提升。同时，鼓励教师之间进行交流分享，共同研究如何在艺术教育中融入"和合"民族文化教育，以实施更有效的德育策略。

（2）教学过程方面。

加大情景创设力度，营造气氛进行对话；多种教法配合，借助多媒体；以艺术审美表达为主的教师语言示范；强化多元反差，彰显文化认同。首先，在艺术教育校本课程的教学过程中，教师可以为学生创造良好的对话氛围。通过强化情景创设的方式，教师能结合民族文化"和合"的特点，根据教学内容设计出富有民族特色的教学情境。在这样的情境中，引发学生的思考与对话，促进他们与老师、同学之间的沟通与互动，更直观地感受"和合"文化的内涵。其次，借助现代多媒体技术实现多种教法。在艺术教育教学中，教师可以将丰富多样的民族艺术作品，借助多媒体技术，如幻灯片、视频、音频等进行展示，让学生更加直观地了解"和合"文化的表现形式。同时，教师还能激发学生的学习兴趣，增强教学实效，与讲解、示范、小组讨论等多种教学方式相结合。再次，在艺术教育教学中，教师的语言示范作用必不可少。教师要通过生动的描写、形象的比喻引导学生感受艺术作品的审美价值，注意自己语言的准确性和艺术性。同时，教师也要重视学生的艺术审美表达，鼓励学生各抒己见，培养学生的审美能力和创造能力，最后，在艺术教育校本课程的教学中，通过强化多元对比，教师可以让学生对"和合"文化的唯一性有更深刻的认识。教师可以引入不同民族、不同地域的艺术作品，引导学生在不同的艺术作品中找到共性和差异性。如此对照，学生对"和谐"文化的重要性有了更深刻的认识，从而对民族文化有了更多的认同。

（3）教学反思方面。

① 在"和合"民族文化教育视角下，小学艺术教育校本课程德育策略实施需强化教师的反思意识，提高反思质量。教师应该对每一次教学活动进行深入反思，思考其在实施德育策略中的效果，如何更好地融合"和合"民族文化教育内容，以及如何改进和完善教学策略等，实现德育和艺术教育校本课程的有机结合。

② 从多个角度引导反思。教师需要从多个角度进行反思，才能更全面地贯彻"和合"民族文化教育视角下的德育策略。包括但不限于：从教学内容的角度反思是指反思在艺术教材中对民族文化元素的"和合"是否进行了充分的挖掘，在教学中是否对这些元素进行了有效的整合。从教学方法的角度反思是指反思所采用的教学方法是否适合学生的学习需要，是否能将"和合"的民族文化有效地传递出去。从学生的反馈角度反思是指反思学生接受"和合"的国家文化和教育后有没有积极的改变。

（三）"和合"民族文化教育视角下小学艺术教育校本课程中德育教学评价的研究

本研究注重课题后续的跟踪调查与功效反馈，并对数据进行收集分析，指导本课题的开展，不断改进。调研的评估与效能表涉及教学实践的多个维度，参评人员包括教师、学生、家长等，并对国民文化教育从"和合"比较评估、分组评估、达（标）度评估、单项评估等多方面进行综合评估，确保全面准确的评估反馈。

1."和合"民族文化教育视角下小学艺术教育校本课程教学评价的原则

小学艺术教育校本课程教学评估遵循：文化性原则、综合性原则、发展性原则和"和合"民族文化教育视角下的学生中心原则。文化性原则是指评价过程中应始终坚守和传承"和合"民族文化的核心理念，确保评价与文化背景相符合。综合性原则，是指不仅对学生的知识技能进行考核，还对学生各方面的情况进行综合评价，如态度、情绪、价值观等。发展性原则是指评估要重视学生的进步和发展潜力，不要过分看重已有的水平。学生中心原则是指以学生的体验和感受为评价的核心，确保评价真正为学生服务。

2. 小学艺术教育校本课程教学评价的内容，以"和合"民族文化教育的视角进行

小学艺术教育教学评估从"和合"民族文化教育的视角出发，主要有文化认知评估、艺术技能评估、德育品质评估、实践活动评估四大内容。文化认知评估是指对学生进行传统艺术、风俗习惯、历史等方面的认识程度的评估，评价学生对"和合"这一民族文化的认识程度。艺术技能评估是指对学生进行绘画、音乐、舞蹈等方面的评估，评价其对艺术领域的把握。德育品质评估是指考查学生通过艺术教育的学习，是否培养出与"和合"的民族文化相符合的尊重、包容、合作、创新等德育品质。实践活动评估是指对学生参与文化节庆祝活动、传统节日庆祝活动表演、社区服务等与"和谐"民族文化有关的实践活动的表现进行评估。

3. "和合"民族文化教育视角下小学艺术教育校本课程教学评价的手段

"和合"民族文化教育视角下小学艺术教育校本课程的教学评价，主要有三大手段：作品评价、行为观察、考核与评价。作品评价，是指直接评价学生的艺术作品，如绘画作品、音乐作品等。行为观察，是指在日常学习和生活中，观察并记录学生的行为表现，以评估其德育成长。考核与评价，是指通过专门的考核，了解学生对"和合"民族文化和艺术知识的掌握情况。引导学生进行自我评价，培养学生的思辨能力，同时鼓励学生互评。

4. "和合"民族文化教育视角下小学艺术教育校本课程教学资源的开发

教师自主学习，小组讨论，开发并使用小学艺术教育教学资源（见图1-3），通过"请进来，走出去"的方式提高"和合"民族文化教育视角下小学艺术教育教学设计及教学能力，促进课题有效开展。

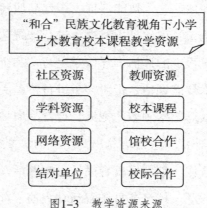

图1-3　教学资源来源

十、"和合"民族文化教育视角下小学艺术教育校本课程价值

（一）理论价值

首先，小学艺术教育校本课程建设与实施研究要从"和合"的国家文化教育视角出发，促进学生认识和理解多元文化，提升学生

的文化自信和认同感。"和合"民族文化是包含音乐、舞蹈、艺术等多种艺术形式的文化宝库。通过学习这些艺术作品，学生对不同地域、不同族群的文化特征和价值理念有了更好的了解和尊重。这种多元化的学习经历对学生跨文化交流能力的培养和国际化视野的培养都是非常有帮助的。其次，从"和合"民族文化教育的角度来实施小学艺术教育，能够激发学生爱国爱家的情感，激发学生的民族自豪感。强调对中华民族共同体的认知和认同，这是"和合"民族文化教育的重要内容。学生们通过对代表"和合"文化的艺术作品的学习和欣赏，更加热爱祖国、热爱家乡，从而感受到中华民族的伟大精神和深厚的历史底蕴。这种爱国情感的激发，有助于学生对国家、民族的责任感、使命感的培养。最后，实施小学艺术教育校本课程，从"和合"民族文化教育的角度出发，可以促进学校德育工作的创新与发展。传统意义上的学校德育，往往以道德说教为主，缺乏实效性。而"和合"民族文化教育提供了德育的新视角、新方法，把德育教育与校本课程艺术教育结合起来，让学生感受到道德的力量，在艺术的熏陶中得到滋养。这种创新的教育方式，对于提高学校德育工作的质量和效果，更加全面、科学地为学生提供教育服务，都是大有裨益的。小学艺术教育校本课程的建设与实施，从"和合"民族文化教育的视角出发，具有十分重要的理论价值与实践意义，可以培养学生的爱国主义情感和民族自豪感，促进学校德育工作的创新与发展，有利于提高学生的艺术素养和文化认知水平。

（二）教育价值

以"和合"理念为指导建设的艺术教育校本课程，着眼于学生的全面发展，在知识技能上对学生有全方位的提高，在德育上对学生进行全面的培养，促使学生形成健康的人格和品质，把民族文化传承下去并加以弘扬，而艺术教育是其中重要的一种途径。通过学习和实践，使学生对民族文化有更深层次的认识和体会，从而增强学生对中华文化的认同感和自信心，有利于培养学生具有创新意识和实践能力，是"和合"理念在艺术教育中的贯彻。通过参加艺术实践和创新活动，学生在发现问题和解决问题的过程中培养了创新思维和实践能力。"和合"理念，讲究的是和睦相处，强调的是多元文化的相互交融。实施艺术教育校本课程，让学生有机会接触到不同民族的艺术形式和文化传统，从而培养跨文化交流的能力，为今后的国际交往奠定基础，同时也培养了学生跨文化交流的能力。美育校本教程以美学和创新能力的培养为主要内容，学生通过与民族文化相结合，在激发创新意识和创造力的同时，开阔眼界，增强审美情趣。学校作为教育机构，以"和合"的民族文化教育为视角，通过德育教育的实施，有助于良好校风、学风的形成。这种积极向上的风气会潜移默化地影响学生的全面发展。

十一、结语

"和合"民族文化教育是中国传统教育理念与现代教育的有机结合。和谐共融，在教育中倡导关注学生的全面发展。小学艺术教育校本课程是培养学生审美情趣和创造力的重要途径，本文从"和合"民族文化教育的视角，探讨了小学艺术教育校本课程的建设与实施的科学理论。强调个人与社会和谐共处的民族文化教育的和谐共融。注重艺术教育中学生个性发展与社会责任的平衡，培养有社会责任感和创新精神的艺术家。文化融合，提倡多元文化融合的"和合"民族文化教育。在艺术教育中，引导学生对多元文化的欣赏和理解，培养学生跨文化的沟通能力，应该尊重不同文化背景下的艺术表达。

强调多元文化的融合与和谐，是从"和合"民族文化教育的角度出发的。我们关注的是不同民族文化之间的交流互动，在这种尊重差异、追求和谐共处的教育视角下。对学生跨文化意识的培养，兼容并蓄的精神的培养都有帮助。以小学艺术教育校本课程的建设与实施为切入点，探讨如何在艺术教育校本课程中实施德育工作。我们把德育目标融入艺术教育学校的这门课程，引导学生通过艺术作品的创作、鉴赏、评价等环节，对学生进行正确的价值观、人生观和世界观的树立，中华民族共同体意识的铸造意义由此凸显。深入挖掘中华优秀传统文化，传承民族精神，在实施艺术教育校本课程中弘扬民族灵魂。通过艺术作品展示、文化交流等活动，激发学生的认同感，激发学生对中华民族的骄傲。以"铸牢中华民族共同体意识"为学校德育目标之一，以民族文化和民族元素为引领，扎实开展中华民族文化教育教学活动，切实"铸牢中华民族共同体思想根基"。

党的二十大精神融入小学"和合"
民族文化艺术教育的实践研究

　　"和合"是中华民族传统文化的重要组成部分，民族文化讲求和谐，讲求合作，讲求共赢。"和合"教育是在小学教育中，通过传授优秀的民族传统文化，旨在培养学生对民族文化的认同感，提高审美情趣和人文素养。这样的教育对弘扬中华优秀传统文化大有裨益，对学生的全面发展也大有裨益。推动教育实践活动深入开展的重要途径是把党的最新理论同教育实践活动有机结合起来。作为中华优秀传统文化的重要组成部分，"和合"这一民族文化承载的是厚重的历史与文化。然而，如何有效地传承和发展这一文化，使之在新的时代背景下焕发出新的生机，是在现代社会快速发展的时代背景下迫切需要解决的课题。艺术教育作为重要的民族文化传承方式之一，其作用不可忽视。小学艺术教育既面临着创新，也面临着变革。要针对新时代学生的需求和特点，不断探索新的教学方法和手段。在艺术教育方面，应融入最新的教育理念和教育精神，提高学生的综合素质和社会责任感。"和合"教育不仅有助于培养学生的审美情趣和艺术修养，而且通过艺术作品和艺术活动，潜移默化地引导学生树立正确的价值观、人生观和世界观，从而达到立德树人的根本任务。把党的二十大精神融入小学"和合"的民族文化艺术教育之中，既是对传统艺术教育方式的深刻变革，也是对新时期教育要求的积极响应。"和合"民族文化的传承与发展，借助艺术教育这一独特优势，更能培养学生的文化自信与民族自豪感。

一、党的二十大精神融入小学"和合"民族文化艺术教育的教学内容

（一）政治导向与艺术课程相融合

艺术教育中政治导向的融入，首先体现在课程目标的设定上。艺术课程在培养学生正确的世界观、价值观和历史观的同时，也不再只是传授艺术技能和知识。这就要求艺术课程一定要把党的教育方针政策紧密结合起来，把社会主义核心价值观传达清楚，使学生在艺术学习过程中能够自然而然地接受这些价值观的熏陶。其次政治导向也体现在艺术课程内容的选择上，选对课程内容既可以培养学生的审美情趣，又可以传达学习党的二十大精神。传统的民族文化蕴藏着丰富的教育资源，艺术课可选择部分反映革命历史、民族团结、爱国主义等题材的艺术作品作为教学素材，使学生在欣赏中深刻感受党的奋斗历程，在创作中深刻感受民族精神。同时，也可以鼓励学生以加深对党的理论和精神的理解为目的，自主创作以民族文化为主题的艺术作品，或以党的历史为题材的艺术作品。再次，除了课程内容的选择，艺术课的教学方法，也可以融入政治导向。传统的教学模式往往在注重技巧传授的同时，忽略了文化与

价值观念背后的艺术。以新的教学模式为基础的教师，为了使学生独立发现艺术作品的深层意义和价值，应该更多地引导学生主动思考和探究，并在教学中运用讨论和点评等形式。最后，政治导向和艺术课程的融合还可以通过评价制度来体现，传统的艺术教育评价体系往往把技能等级作为评价的主要标准，忽视作品的思想内涵和价值观念，在新的评价体系中，应该重视考查作品的思想内涵和价值观念，引导学生更多地关注艺术作品的社会意义和价值。另外，为了更全面地反映学生的艺术素养和综合能力，还可以考虑将学生的参与度和协作精神等纳入考核体系，从多个维度评价学生的学习成果。将政治导向与艺术课程相融合，既能保证艺术教育的正确方向，又能使学生得到全面的培养，可谓一箭双雕。在这一融合学习方式下，学生对党的理论有了更深层次的认识，对社会主义核心价值观的认同感和自豪感也日益增强。

（二）理论学习与艺术实践相融合

艺术教育以理论学习为基石。文化自信的重要性在党的二十大报告中得到了强调，这就要求我们在艺术教育中既要传授学生技艺，又要注重理论知识的传授，更要注重文化内涵的传授。在小学艺术课堂上，教师通过讲述中华传统艺术的发展历程，引导学生了解中华优秀传统文化的深厚底蕴，从而增强学生的文化自信。如在讲授中国画时，可穿插讲解中国画的历史沿革、技法特点、审美情趣等，使学生在了解中国画背后的文化内涵的同时，掌握中国画的绘画技巧。艺术实践是检验理论学习成果的一种重要途径，而理论学习对艺术的理解与感悟也起着不可忽视的作用。在小学阶段的艺术教育中，教师应激发学生的创造性和创作欲望，鼓励以绘画、舞蹈、音乐等多种形式来表达自己对艺术的认识与感悟，使学生在理论学习的基础上，将所学知识融会贯通，从而在实践中得到锻炼和提高。例如，在学完中国画的理论知识后，学生能自己动手绘制一幅中国画作品，将理论知识转化为实际操作能力，既能对所学知识进行巩固，又能培养创新意识和动手能力。让理论学习和艺术实践活动有机融合，对教师在教学方法上提出了新的要求。教师应根据学生的实际情况进行教学调整，使之更贴近学生实际，增加学习的趣味性。传统的教学方式对学生实际操作环节有所忽视，教师应转变教学观念，以学生为本，在新形势下设计丰富多样的艺术实践活动，将理论学习与实际操作相结合。比如，在校园文化艺术节中组织学生参加文艺汇演，展出作品；或者开展让学生走出课堂到大自然中去发现艺术灵感的艺术采风活动，使学生的能力在实践中得到锻炼和提高。另外，利用社会资源丰富艺术教育的形式和内容。学校要加强与社会的联系，使学生近距离感受艺术的魅力，组织学生参观画展，邀请艺术家来校讲学或开展工作坊，使学生开阔艺术眼界、激发艺术热情。为有利于学生的整体发展，应建立起一套完善的评价体系。传统的估分方式往往是以考分为唯一标准，这对学生整体发挥是不利的，所以新的教育理念要求将学生艺术实践成果纳入评价范围，鼓励学生发挥想象力和创造力进行艺术创作。理论学习与艺术实践相融合是"和合"民族文化小学艺术教育中融入党的二十大精神的重要内容。对于培养学生的创新意识和创造能力，增强学生的文化自信，具有十分重要的意义。将不同的学科融会贯通，既增强了学生的艺术素养，又培养了学生的创新精神和实践能力，使学生的综合素质得到了提高。

（三）社会主义核心价值观与艺术创作相融合

社会主义核心价值观把涉及国家、社会、公民三个层面的价值要求融为一体。教师应把社会主义核心价值观和艺术创作结合起来，在艺术教育中让学生体会社会主义核心价值观的深刻内涵，在创作过程中感悟。艺术创作是小学生表现自己、探索世界的一个重要的途径。鼓励学生以社会主义核心价值观为主题进行艺术创作，既可以锻炼学生的艺术实践能力，又可以使学生加深对社会主义核心价值观的认识和认同。如美术课，教师以社会主义核心价值观"和谐""爱国""诚信"等为主题，引导学生绘画创作。学生可以用画笔把自己对这些价值观的认识与感受画出来，将正能量通过一幅幅画作传递出去。另外，艺术创作也是学生培育审美情趣与创新精神的有效方式，学生要发挥想象力和创造力去构思独一无二的艺术作品，从而在创作过程中体会到艺术的精髓所在，在欣赏艺术作品的时候享受与感悟美。学生将社会主义核心价值观融会贯通于艺术创作中，能够激发学生的创新思维，培养学生的审美情趣，从欣赏艺术的过程出发，使学生体会到艺术的价值与意义，促使学生的全面成长，这是学生与社会主义核心价值观相融合具有十分重要的意义所在。学生在进行艺术创作时，要综合运用已学过的知识，发挥自身的想象力，从而在实际操作中提高自己的艺术修养与解题能力；培养团队协作精神与创新意识，以使自己今后面对各种挑战时能够更好地应对并全方位地发展。教师需要起到引导作用，才能使社会主义核心价值观与艺术创作更加深入有效地融合。能让学生通过生动活泼的课堂讲解，了解社会主义核心价值观的内涵和意义，激发学生的学习兴趣；能为学生提供丰富的艺术创作素材和工具；通过对学生艺术作品的评价和展示，增强他们的自信心和成就感，激发他们的艺术创作积极性。学校也要提供一个很好的环境，也要支持这种融合。如学校可以通过鼓励学生积极参与定期举办的以社会主义核心价值观为主题的画展或比赛等，促进学生艺术创作水平和审美能力的提高。

（四）民族文化传承与艺术表现相融合

民族文化是一个国家、一个民族的灵魂，在艺术教育中融入民族文化传承，使学生对本民族的文化底蕴有更深刻的认识和感悟，从而提高文化自信和民族自豪感。作为传递和表达文化的一个重要手段，艺术表现与民族文化传承的相融合，能使学生对民族文化有更生动、更直观的接触和认识。在小学阶段的艺术教育中，实现民族文化传承与艺术表现相融合，需要多方位的共同协作。教材内容的编排要充分体现民族文化的元素。这是为了增强学生的文化自信和民族自豪感，从而在国民素质提升方面有所建树。同时，这也是为了让学生在今后的人生道路上，对本民族的文化有更深的认识和热爱。美术教学中可加入更多的民族图案传统工艺及民间艺术作品，使学生在绘画及手工制作的同时，对民族文化有更深的认识与体会。音乐教材中也可多收录一些以民族音乐为主的曲目和乐曲，使学生在欣赏演唱演奏的同时，对民族音乐的韵律美有更深的认识与体会。教师在教学方式上也要进行一定的创新。教师可以组织学生进行以民族文化为主的艺术创作活动，如绘制民族风情画，制作民族手工艺品编排民族舞蹈等，使学生对民族文化有更深的认识与体会。另外，教师还可运用现代科技手段进行多媒体教学、网络教学等，为学生多展示一些丰富的民族文化艺术资源，以激发学生的学习兴趣和创造力的同时，也使学生在学习中感受到民族文化的独特魅力。为让学生近距离感受民族文化的魅力，学校应加强与国家级文化艺术机构的合作，邀请国家级艺术家来校授课、演出、辅导。这样的校外艺术资源，既可以给学生提供更广阔的艺术视野，又可以让学生有机会进行实践操作，展示自己。还需要建立完善的评价激励机制，将民族文化的传承与艺术表现融为一体。学校可以通过鼓励学生积极参与、展示自己的艺术作品等形式，定期举办以民族文化为主题的文艺展览、演出、比赛活动。通过活动的开展，既检验了学生的学习成果，又激发了学生的艺术积极性和创新能力。同时，为了激励更多的学生全身心地投入民族文化艺术的学习和创作中，学校也要表彰和奖励在民族文化传承和艺术表现方面表现突出的学生。

（五）审美教育与道德修养相融合

培养学生发现美的能力，欣赏美的能力，创造美的能力，这就是审美教育的过程。在小学艺术教育中，美学教育除了关系到学生的艺术素养外，也是塑造学生世界观和价值观的重要手段。学生通过审美教育，可以更敏锐地捕捉生活中的美，从而使自己的精神世界更加丰富，生活质量得到提高。培养学生良好的品德和行为习惯，就是品德培养的过程。在小学阶段，学生的道德观念和行为习惯正处于成形期，加强道德修养教育对学生的道德规范和行为习惯的养成、养成教育至关重要。通过道德修养教育，让学生学会尊重他人、诚实守信等优秀品质，学会热爱祖国、热爱人民，做一个有责任、有担当的公民。艺术作品中所蕴含的美感与道德价值，能激发学生的道德情感，促使学生在欣赏美的同时思考道德问题，从而在道德修养上得到提高，而道德修养的提高，又能使学生对艺术作品中的美有了更深入的认识和体会，从而增强审美教育的效果。教师在实现审美教育与道德修养相融合的过程中，起着举足轻重的作用。要在课堂教学中深入挖掘艺术作品中的美感与道德价值，融会贯通地加以讲授。如在美术课上，可以引导学生鉴赏名画，结合画家的创作背景及画作所蕴含的道德寓意加以讲解，以使学生在欣赏美的同时接受道德教育。又如，在音乐课上，提高学生的道德修养能使他们对音乐作品中的美有更深刻的认识和欣赏，从而对审美教育起到促进作用。作为一种无形的艺术，音乐中常常蕴含着丰富的情感和寓意，而学生在提高道德修养的同时，对音乐背后所蕴含的情感与意蕴能更敏锐地捕捉和认识，从而对音乐作品有更深刻的感悟和共鸣，这是随着道德修养的提高而产生的。因此，教师在进行课堂教学时，要能结合教学内容，在提高学生审美修养的同时，注重发挥其道德教育的功能。老师还能用创作的方式鼓励学生参加艺术创作，增强学生的道德修养和审美能力，把个人的道德观念和道德情感表达出来，这是艺术教育的一项重要内容。学校以艺术实践活动为主体，教师能组织学生排练节目参加比赛等一系列活动，培养学生在音乐、舞蹈、戏剧等艺术实践中的团队协作精神和集体荣誉感，使学生在艺术实践中提升个人的道德修养。另外，教师还能把德育渗透到这些活动中去。学校以学生为主体，对审美教育和品德修养做到融会贯通。为了激发学生的参与热情，学校可以经常组织文艺汇演活动，这对提高学生的艺术修养也有很好的帮助作用。通过开展形式多样的文艺汇演活动，把学生的特长展示出来。学校还可以组织学生参加社会实践活动，使学生与社会更加紧密地衔接起来，让学生亲身感受美的力量和道德在实践中所起到的作用，从而加深学生对社会的认识和理解。

（六）创新教育方法与艺术技能相融合

培养学生创新思维和动手能力的关键是创新教育方法，而艺术教育的基础是艺术技能的培养。传统艺术教育过于注重技巧的传授，但在新的时代，要让学生在掌握艺术技巧的同时，培养创新思维和艺术创作能力，需要把创新的教育方法和艺术技巧的培养有机结合起来。例如，在音乐教学中，教师在激发学生创新思维的同时，可以运用音乐游戏、即兴演奏等方式，让学生在轻松愉悦的气氛中学习音乐技巧。创新教育方法与艺术技能的相融合可以提高学生的实践能力。学生参与艺术创作项目的项目式学习是教师能激发学生艺术兴趣的有效途径之一。教师让学生参与绘画创作项目、音乐编曲等艺术创作项目，不仅可以使学生在实践中提高自己的艺术技能，而且可以培养学生的解题能力和创新意识。另外，充分利用现代信息技术是实现创新教育方法与艺术技能相融合的重要途径，教师能充分利用多媒体、网络资源等现代教学手段进行教学内容的充实和教学效果的提高。例如，在美术教学中教师可以充分利用数字绘画工具进行创作教学，使学生在数字化的环境中感受艺术的魅力，通过实践，培养学生的创新意识。网络资源在音乐教学中能起到很大的作用，教师可以利用动画演示音符的时值和节拍的变化来帮助学生领悟音乐的节奏与韵律；还可以利用网络资源引导学生搜索和欣赏各种音乐风格的作品来拓宽音乐视野，增强对音乐的认识与感悟；还能利用在线音乐制作工具，让学生进行简单的音乐创作与编曲训练，从而培养学生的音乐创作能力和创新思维，提高信息素养和科技创新能力，为学生今后在音乐领域的发展打下坚实的基础。教师在教学过程中应注意学生的个体差异，为学生提供个性化的教学方案，做到因材施教，使他们在艺术教育中得到充分的发挥和发展。在融合过程中，教师还应注意，不同学生有不同的艺术潜能和兴趣爱好，要针对学生的特点进行启发式教学，使他们在学习中充分发挥自己的特长。将创新教育方法和艺术技能融会贯通，对老师的要求也是非常高的，要求教师不断学习和探索，不断更新教育观念，提升自身专业素养与教育创新能力，以给学生提供更优质的艺术教育服务，让他们在学习艺术的同时，也能开拓视野，增长见识。

（七）跨学科融合与艺术教育相融合

跨学科融合就是打破各门学科之间的界限，把各门学科的知识和方法相互融合起来，形成比较综合全面的教学体系。跨学科融合在艺术教育中是非常有意义的。它把艺术与其他学科的知识有机地结合起来，使学生在学习艺术的同时能够促进其他学科知识与能力的提升。跨学科融合能够使学生形成比较全面的素质修养。艺术教育本身就属于综合类的教育内容。相对综合的教学内容可以通过融会贯通的跨学科整合而形成。如历史、地理等学科的知识可以融入艺术教学中，让学生了解不同历史时期、不同地域的艺术风格和特点，从而促进学生对其他学科的理解和认识。同时，提高学生对艺术的认识和鉴赏能力，有利于学生创造性思维和跨学科学习能力的培养，是培养学生创新思维的有效方法之一。艺术教育本身也是一种创造性的教育活动，鼓励学生发挥自己的想象力和创造力，创造出富有个性的艺术作品，而跨学科的融合，能在学科交叉的基础上，为学生提供更广阔的思考空间和创新平台，使他们能够创造性地进行思考和实践，这是一种创造性的教育活动。如将科学与艺术相结合的课程中，学生在进行艺术创作的同时，还能运用科学知识进行有目的性的艺术创作；或者以艺术作品为载体进行科学的阐释与传播。简单地说，就是把学科交叉作为教学的切入口。这种多学科交叉的学习方式，在一定程度上启发了学生的创新思维，同时培养了学生的创造性。学科交叉融合，融合艺术教育，对于弘扬民族文化精神的"和合"也有很大的帮助。在音乐教育中，将不同学科的知识和技能相融合，让学生在更深的层次上了解和体会中华民族的优秀传统文化。如音乐教学中可融入古诗文元素，通过古诗文的吟唱，让学生感受国学的韵味和内涵。在艺术教学中，引导学生创作传统节日、民间故事等中华优秀传统文化在实践中体验和传承的题材作品。要做到跨学科的融合，与艺术教育的融合，需要从多个方面着手。教师需要有跨学科的整合能力，有机地将不同学科的知识、技能融合在一起，形成一个综合性的教学内容。学校需要提供丰富的教学资源和实践平台，让学生在实际操作中感受到跨学科学习的乐趣和收获。建立一套完善的评价体系，对学生的学习成绩进行科学评价，也是激发学生学习动力和创新精神的需要。

（八）历史教育与艺术历史相融合

历史教育是培养学生历史意识和历史责任感的重要途径，而艺术历史是艺术教育的重要内容之一，它侧重于讲授艺术作品的产生及其背后的社会文化意义。将历史教育与艺术历史融为一体，能使学生在学习艺术作品的同时了解到作品背后的历史文化背景，从而对艺术的内涵和价值有比较全面的认识。通过学习艺术历史，使学生对不同历史时期艺术风格的演变有比较深入的了解和认识，对其社会文化变迁有比较全面的认识。所以历史教育是培养学生艺术修养的一个重要的方法。将历史教育与艺术历史相结合，不停留在审美判断的表面，有利于学生加深对艺术作品的理解，从而提高文化自觉和文化自信。教师在进行艺术学习的教学中引入生动活泼的历史故事和艺术作品，以具有代表性的艺术作品为载体，结合教材内容，深入挖掘其背后的历史故事和文化内涵，引起学生的学习兴趣，促使他们了解艺术家是如何创作和创新的，从而激发艺术创造力和想象力。给学生讲历史故事，有利于建立艺术作品与历史事件之间的联系，使他们对艺术有更全面的认识。教师可以设计有主题的艺术实践活动，如"穿越历史，探求艺术之美"，使学生在活动中亲身感受不同历史时期的艺术风格和文化气息，从而加深对历史的认识。另外，教师还可以利用多媒体教学资源将不同历史时期的艺术作品与历史文化背景展示给学生，这样能更直观地呈现艺术作品与历史事件。

（九）环保理念与艺术创作相融合

环保理念和艺术创作相融合，既能使学生在艺术创作过程中对环保有更深刻的认识和体会，又能将环保理念通过艺术作品传递出去，引导更多的人关注环保，参与环保行动，可谓一举多得。通过对环保题材的艺术创作，让学生在领略美的同时，也认识到在思想上、行动上都要促进环保是当前社会需要关注的一项重要工作。艺术作品具有直观、生动的特点，它们能够把抽象的环保理念具象化，更容易为大众所接受和理解。通过学生们的环保主题文艺作品的展示，在提高市民环保意识的同时，向更多的人传递了环保理念。

传统的艺术教育往往以技巧训练和作品欣赏为主，而能使艺术教育的内涵得到拓展的，是环保理念与艺术创作的融合。学生既能学习艺术，又能对环保问题有所重视，在提升自身社会责任感的同时，进行有关环保方面的艺术创作，能够很好地引导学生重视环境问题，从而有效地开展一些与环保主题有关的艺术实践活动，对培养学生的艺术创作能力起到很大的促进作用。学生对环保问题有了深入的认识后，更能将学到的知识运用到艺术创作当中。这些与环保主题有关的艺术实践活动，如，以垃圾分类为题材的艺术创作，以节约用水和保护野生动植物为主要内容的艺术创作，利用废旧材料进行拼贴画、雕塑等多种艺术创作。通过开展这些活动，既锻炼了学生的艺术创作能力，又加强了学生对环保问题的认识。

（十）集体主义精神与艺术合作相融合

集体主义精神是中华民族传统美德的重要内容，它强调个人与集体的紧密联系，鼓励个体为集体利益而奋斗。在艺术教育中，这种精神可以转化为学生之间的合作精神，促使他们在艺术创作和表演中相互支持，共同进步。艺术合作是艺术教育中不可缺少的一环，它要求学生在创作和表演过程中相互配合，共同完成艺术作品。艺术合作既能提高学生的艺术技能，又能培养其沟通能力和团队协作精神，因此当集体主义精神和艺术合作相融合时，这种教育方式所发挥的教育价值会更大，是培养学生全面素质的一种有效途径。教师在实践中通过组织学生进行集体艺术创作活动，如大合唱、集体舞、集体画等，寓教于乐，培养学生的集体主义精神。在这些活动中，每个学生都是团队中不可或缺的一员，他们的表现会直接影响到全队的表现。学生更加注重团队合作，为集体添砖加瓦，各尽所能，任劳任怨。教师还能通过指导学生参与艺术作品的策划、组织、实施过程，让学生亲身体验集体主义精神的重要性。在这个过程中，需要学生们共同讨论，分工合作，才能顺利完成艺术作品的创作和表演。这样的合作过程，既锻炼了学生的组织协调能力，又让学生深刻体会到个人与集体之间的紧密联系。把集体主义精神和艺术合作融合在一起，能让学生更好地理解"和谐共融"这一民族文化的内涵。"和合"文化所倡导的和谐共处之道，恰恰在于学生需要相互尊重、相互理解，在艺术创作和艺术表演中兼容并蓄。通过艺术上的合作，让学生更深刻地感受到这种文化的魅力，从而增强他们对民族文化的认同感和自豪感。

二、党的二十大精神融入小学"和合"民族文化艺术教育的教学策略

（一）内容整合维度

教育工作者首先要全面深入地研读党的二十大报告，准确把握报告中出现的新观点、新论断，尤其要注意报告中与"和合"民族文化教育紧密相关的文化自信、民族团结、社会主义核心价值观等方面的论述。教育工作者通过对报告的深入研读，对党的二十大精神有了更深入的认识，为把它融入民族文化教育打下了扎实的理论基础。"和合"民族文化与这种精神的契合点，需要教育工作者在准确把握党的二十大精神内涵的基础上深入挖掘。"和合"的民族文化讲求和谐，强调合作共赢，这与党的二十大报告中提出的推动构建人类命运共同体的思路是一致的。通过深入剖析这些契合点，教育工作者可以引导学生认识到促进社会和谐进步的重要意义是不

同文化之间的交流与融合。把契合点挖掘出来以后，教育工作者需要把这些内容和民族文化教育的内容融合起来，达到有机的融合。党的二十大精神的有关内容穿插在介绍民族文化中，或将有关民族文化元素引入讲解党的二十大精神中。在教学内容的整合上，还需要在实用性和时效性两个方面下功夫，在教学内容的整合上下功夫。实践性是指融合后的教学内容要能指导学生的实际行动，使学生在日常生活中实践党的二十大精神，实践民族文化"和合"的思想。时效性要求教育工作者及时关注时政动态，将最新的政策、事件等融入教学，使教学内容更加贴近学生实际，激发学生的学习兴趣，引起学生的注意，在教学中做到有的放矢，更好地帮助学生理解整合后的教学内容。教育工作者可以将案例作为教学的载体，通过选取与民族文化、党的二十大精神等有关的"和合"典型案例，引导学生深入剖析，深入探讨。这样，既能强化学生对相关内容的理解和记忆，又能培养学生的思辨能力、解题思路。

（二）方法创新维度

现代教学技术为创新的教学方式提供了无限可能。教师能运用多媒体技术，向学生生动形象地展示民族文化。如在讲解某一民族舞蹈时，将该民族舞蹈优美的动作通过视频展现出来，让学生对舞蹈的魅力有了更直观的感受。通过网络互动平台，激发学生的学习兴趣，提高课堂参与度，与学生进行实时互动与沟通。情景教学是一种教学方法，它引导学生通过具体情景的创设进行学习。在小学"和合"民族文化教育中，让学生在模拟情境中学到、体会到、感悟到与民族文化相关的知识，教师根据教学内容和学生特点进行创设情境可采取多种形式，并结合小学生的年龄特征进行选择。团体协同学习是激发学生学习兴趣和热情、培养团队合作精神和沟通能力的一种有效的教学方式。在小学"和合"民族文化教育中，可根据学生的学习情况和兴趣爱好，将他们分成不同的小组，并分配相应的学习任务，比如教师可以让各组选出一个族群深入研究，并准备好相关的陈列资料。在展示环节，各组可与其他小组分享各自的研究成果、沟通交流、互动交流。学生通过小组合作学习，既可以对民族文化有深入的了解，又可以增强自我表达能力，在交流合作中增强团队协作能力。项目式学习则是帮助学生把学到的知识运用到实践中去，培养学生动手能力和创新思维的一种围绕解决实际问题的教学方法。教师可在小学"和合"语文教育中，为学生在完成任务的过程中学习、实践、探究，设计一些与语文有关的项目式学习任务。比如，教师可以要求学生搜集有关材料，设计版面，撰写文案，设计一个有关民族文化的小册子。通过项目式的学习，既能增强学生的动手能力，又能在完成任务的过程中加深对民族文化的理解。通过引入游戏元素来增强学生的学习兴趣和参与度，教师可设计一些游戏化的、与民族文化有关的教学活动，使学生在轻松愉快的气氛中，寓教于乐。

（三）实践体验维度

实践是检验真理的唯一标准，也是教育的重要环节。对小学生来说，他们的认知能力、抽象思维能力还在不断发展中，通过实践的体验，更能让他们直观地感受到民族文化的魅力。练习既能增强学生的理解能力，又能培养动手能力、培养开拓创新的精神，为全面发展打下扎实的基础。教师可根据教学内容和学生特点，设计丰富的小学"和合"民族文化教育实践活动。如制作民族手工艺品、表演民族歌舞、庆祝民族节日等内容。学生可以在实践过程中亲身体会民族文化。另外，教师还可以将党的二十大精神融入实践活动中。比如手工制作活动能引导学生思考怎样把环保跟节约的理念融入作品，从而在制作中培养环保意识和社会责任感；又如在民族歌舞表演中，通过歌词、舞蹈动作的设计，传达团结向上、和谐奋进的精神，使学生在表演中感受到党的二十大精神所蕴含的巨大力量。通过以上方式，使学生在课堂上既学到了知识，又学以致用，在传统的民族文化中感受到美的力量，在党的二十大精神中体会到一种凝聚人心的力量，一种团结向上的力量。

（四）情感态度维度

学生在小学阶段会逐渐形成对世界的认知，正是培养民族自豪感和文化认同感的关键时期。教师通过讲述民族英雄的事迹，展示丰富的民族文化活动，激发学生对民族文化的兴趣，寓教于乐，让他们在亲身实践中感受到民族文化的魅力，培养学生的文化自信，鼓励学生参与民族文化的学习和传承，如学习民族舞蹈，制作民族工艺品等。教师要具备把党的二十大精神的核心要义通过生动的课堂讲述和丰富的社会实践传达给学生的能力。结合民族文化教育，教师要学会引导学生领会与党的二十大精神有内在联系的思想，如民族团结、社会和谐等，让学生从内心深处认同这些价值观，并通过情感态度维度的培养转化为实实在在的行动。情感态度维度的培养，不仅是学生对民族文化的理解与认同，对党的二十大精神的认同，更重要的是学生的价值观、世界观的塑造。教师可以帮助学生树立尊重他人、团结协作、勇于承担等积极的价值观；可以把民族文化的教育与培养世界多元性和包容性结合起来，引导学生具备国际视野和跨文化的交际能力。在教学过程中，对学生的情感需求给予高度关注，并提供相应的情绪上的支持与协助。教师应对学生的情绪动态做到心中有数，并有的放矢地给予帮助与指导。另外，营造和谐、正面的课堂氛围也是十分重要的，教师应组织丰富的课堂教学活动并鼓励学生主动参与，让学生在轻松愉悦的氛围中学习、成长，使课堂教学真正达到寓教于乐的目的。

家庭是孩子成长的摇篮，父母对孩子情感态度的培养非常重要。教师应与家长保持密切的沟通，通过家长会、家访等方式，共同关注学生情感态度的发展。鼓励家长积极参与学生的民族文化教育，如与学生一起动手制作民族手工艺品、共同参与民族文化活动等，让学生受到民族文化的熏陶，在和谐的家庭氛围中培养学生积极向上的情感和态度。

组织学生走出校园，参加社会实践活动。可组织学生到当地民族文化馆、艺术馆等地参观，使学生亲身感受民族文化的瑰丽与绚烂。还可以引导学生关注生态环保、民族团结等社会热点问题，鼓励学生建言献策。学生通过这些社会实践活动，对社会现实、社会问题有了更深刻的认识，培养了社会责任意识、公民意识。学生的反思和归纳，需要在实践活动结束后加以指导。让学生分享自己的实践经验和感受，了解学生在实践中遇到的问题和困惑，并及时给予指导和帮助，真正做到学有所成，鼓励学生展示、交流实践成果，激发学生的学习热情，激发创造性。学生通过反思、总结，对民族文化内涵、党的二十大精神有了更深刻的理解，并将这些知识、观念内化为自己的价值观念和行动准则。

（五）评价与反馈维度

小学"和合"民族文化教育融入党的二十大精神中，需建立一套多元的考评制度。除了传统的笔试、作业等测评方式外，口头报告、小组合作项目、实践活动等多种测评方式也可引入。报名方式考核的方式可以更全面地反映多方面的发展情况，如学生的学识、技能、情感态度等，更准确地反馈给教师。过程性考核强调的是对学生学习过程的重视和考核，而不是一味地只看成绩，只看学习过程的好坏。在融入党的二十大精神的教学中，通过对学生学习过程的观察，了解他们在学习中的困惑、在学习中的思考、在学习中的进步。教师使用这种考核方式，可以及时发现学生的学习问题，且有据可依。流程性测评更加侧重于考核学生的学习过程中更加重视，培养学生独立学习、解决问题的能力，有效的反馈可以帮助学生及时了解自己的学习状况，发现优势和不足。比如，在学习民族绘画时，可以针对学生的作品指出优点，并指出需要改进的地方，给出具体的反馈意见。也可以鼓励同学间进行作品展示与交流，使之不断进步，取长补短。在评议和反馈意见环节，以党的二十大精神为指针，把评议导向明确到人。注重培养创新精神、实践能力、社会责任感等，引导学生在学习实践中践行社会主义核心价值观的核心素养。比如，在评价学生的民族文化艺术作品时，既要关注学生的技术水平，又要关注作品所蕴含的文化内涵和社会价值，通过这种评价方式，更好地引导学生认识和践行党的二十大精神，包括中华优秀传统文化的传承等方面的重要论述。对学生提出的意见，在融入党的二十大精神的教学中及时反馈，引导学生对照检查自己。采取面对面交流、书面评议等方式，对学生的学习成果和表现进行具体考核，并提出意见建议。及时反馈，能帮助学生明确学习方向，鼓足干劲，在学习中取得良好的成绩。考核结果不仅反映学生的学习状况，还能反作用于学习状况，对教师的教学成果也是一种反馈。教师要根据考核结果适时调整教学策略，以便更好地满足学生的学习需求。在帮助学生更好地理解和掌握的基础上，如果发现学生在某一方面存在认识上的困难，可以适当增加相关的教学内容和实践活动。教师还要根据考核结果反思自己的教学方法和手段，这样才能不断优化教学过程。评价和反馈，不仅仅是教师和学生之间的事情，更需要家长的参与和支持。教师可以通过开家长会、家访等方式，与家长保持密切沟通，共同关注学生的学习和发展情况。学生在家的学习情况，家长可以反馈给教师，以便更全面地考核学生。根据教师反馈的意见和建议，促进学生的全面发展，家长也能更好地配合学校的教育教学工作。

三、党的二十大精神融入小学"和合"民族文化艺术教育的导向功能

（一）树立正确人生观

在小学阶段，学生正处于价值观形成的关键期，本民族的优秀文化传统，要引导学生正确认识，通过教育来实现。通过介绍不同民族的文化艺术特色，让学生在小学"和合"的民族文化艺术教育中领略中华文化的博大精深，培养学生的文化自觉意识和文化自信。结合党的二十大精神，引导学生认清个人命运与国家命运紧密相连、激发爱国情感和民族自豪感的核心价值观和新时期中国特色社会主义的理想信念，把积极向上的价值理念，用民族文化艺术

作品传递给学生。比如，在欣赏民族音乐、舞蹈、美术作品时，引导学生感受作品中蕴含的对美好生活的向往、对真善美的追求、对和谐社会的渴求等价值理念，引导学生认识和践行社会主义核心价值观，结合党的二十大报告中对社会主义核心价值观的论述，进行深入的阐述。教师帮助学生明确自己的价值追求，形成正确的世界观、人生观和价值观，通过让学生参与讨论，分享自己的感悟。通过开展丰富的民族文化体验、社会实践等活动，增强学生的文化自信和民族自豪感，使学生在亲身体验中感受民族文化的魅力。实践活动不仅可以锻炼学生的动手能力，而且可以使学生在深刻理解和践行社会主义核心价值观的同时，树立正确的世界观、人生观和价值观。

（二）促进学生全面发展

小学的"和合"民族文化艺术教育，使学生在感受丰富多样的民族文化艺术内容时，有机会接触到知识层面上不同的艺术形式，从而有利于学生对中华优秀传统文化的深入了解，有利于激发他们的学习兴趣和求知欲，从而开阔学生的知识视野。从知识的层面上说，通过学习"和合"民族文化，使学生对文化的多样性有一定的了解和认识，培养了跨文化的交际能力，为将来成为有国际视野的人才打下基础。在身体素质方面，涉及民族文化艺术教育的活动，比如舞蹈、戏剧表演等，对提高学生的身体素质、协调性等都有所帮助。同时，培养学生热爱民族文化的能力，增强学生的民族自信心，也是小学"和合"民族文化艺术教育中的一项重要内容。参加这些活动间接加强并提高了学生的身体素质。学校可结合体育课程开展全民体育运动，在强身健体的同时，让学生在运动中感受到民族文化的魅力。党的二十大精神，在心理品质、品德等方面，突出了道德教育的重要性。学生通过文化艺术教育，进而培养了积极向上的生活态度和健康的审美情趣，从而学会欣赏美、感受美。学生还可以通过参加团队合作的艺术项目，培养良好的人际交往能力、社会责任感、团队合作能力、沟通表达能力和解决问题的能力。现代社会对人才的一个重要的要求就是动手能力要强。在民族文化艺术教育中，学生在艺术创作、表演等各项实践活动中，都有亲身参与的机会。这些活动在锻炼学生动手操作能力的同时，也对学生的创新思维进行了锻炼，对学生的解题思路进行了培养。学生通过练习，能把理论知识转化为实际操作，从而对所学知识有一个较好的认识和把握。推动社会进步的力量之一就是创新精神。教师应鼓励学生在民族文化艺术教育中，发挥想象力和创造力，创作富有个人特色的艺术精品。这样的教育方式对于培养学生今后在科技、文化等领域的创新意识和创新精神，具有很好的帮助。

（三）促进文化传承与创新

在小学阶段，学生正处在一个关键的价值观形成时期，应通过教育引导学生正确认识和理解本民族的优秀文化传统，教师通过课堂讲解、文艺表演等形式，将民族的历史文化、风土人情介绍给学生，让学生们感受中华文化的博大精深和独特魅力。教师应鼓励学生积极参与丰富的民族文化活动和实践项目，如曲艺表演、传统手工艺制作等，使学生在实践中加深对民族文化的认识，获得认同。使学生逐步树立起对中华文化的自信和自豪感，从而更加热爱自己的祖国。在小学阶段，同样要着重培养学生的爱国情怀和国家意识，以课堂讲授结合参观学习等多种形式激发学生的爱国热情，并组织各种形式的教育或社会实践活动，使学生对祖国的繁荣富强有切身的感受，从而强化其国家意识和责任意识。使学生养成热爱祖国的好习惯，关心国家大事，为以后的学习和工作中打牢基础。将党的二十大精神融入教育教学可以激发学生的文化自信和自豪感，引导他们更加热爱自己的祖国。学生也可以通过亲身参与和动手操作来加深对民族文化的理解和掌握，从而促进文化的传承与创新。学校可开展丰富的实践活动，如曲艺表演、传统手工艺制作等，让学生在亲身体验中感受民族文化的魅力；教师还可以在课堂上引入更多的教学内容和教学方法，这些教学内容富有时代性和创新性，能激发学生的学习兴趣和积极性。这些措施不仅可以提高学生的文化素养和艺术技能还可以培养他们的创新能力、实践能力和团队协作能力等综合素质，为将来的学习和工作奠定坚实的基础。

我们通过十个融会贯通的方略，既促进了艺术教育与时代精神的有机结合，又丰富了艺术教育的内涵，使之更具时代性、民族性和教育性，把党的二十大精神融入"和合"民族文化小学艺术教育的实践研究中。这一实践过程，使艺术教育不再是传授单一技能，而是成为培养学生全面发展的重要途径，提升学生综合素养，是对传统艺术教育模式的一次深刻变革。艺术教育触及心灵、陶冶情操，不仅仅是传授技艺、传授知识。把党的二十大精神更深入地融入艺术教育中，使每一位学生在德智体美劳全面发展的今天，在艺术的熏陶下，都能健康成长，都能成为一名建设者，都能成为社会主义事业的接班人。我们期待，通过这种艺术教育的深度融合，能够让更多具有创新精神、实践能力和民族情怀的新一代青少年为中华民族伟大复兴添砖加瓦，贡献出自己的力量。

小学艺术课程中开展跨学科融合
课程的实施策略与研究

  随着21世纪教育改革的不断深化，小学艺术教育逐渐由传统的知识传授转向学生综合素质和创新能力的培养，传统艺术课程往往局限在单一学科框架内，学生的创造力和探索欲望难以得到充分激发。在这一背景下，跨学科融合课程作为创新教育模式，受到了广泛关注。跨学科融合课程通过打破学科壁垒，促进学生知识的整合与思维的拓展，为小学生提供更加全面、多元的艺术学习体验。本研究旨在探讨小学艺术课程中开展跨学科融合课程的实施策略，以期为培养具备跨学科思维和创新能力的艺术人才奠定坚实基础。该研究深入探讨了跨学科融合课程在小学艺术课程中的实施策略。首先，通过对小学艺术教育现状和面临的挑战的分析对跨学科一体化课程的理论基础和在艺术教育中的应用价值进行了阐述。其次，结合实证研究和案例分析，从课程设计、教学方法、学习资源和评价等多个方面，详细论述了开展课程的创新和实践的实施策略。研究结果表明，跨学科融合课程在促进教师专业成长和教学质量提升的同时，还能有效提高学生的艺术素养、创新思维和跨学科解决问题的能力。本研究对今后小学艺术课程的发展具有一定的指导意义，为小学艺术教育改革创新提供了有益的实践经验和理论支持。

一、概念界定

跨学科融合课程（Interdisciplinary Integration Curriculum），指以全新的视角和方式，打破传统学科的界限，有机融合不同学科的知识、理论和方法，解决复杂问题的课程。在艺术教育中，跨学科融合课程强调艺术与其他学科（如科学、数学、社会研究等）的相互联系，通过共同的主题或问题来组织教学内容，旨在拓宽学生的知识视野，提高其综合解决问题的能力。

二、理论基础与实施原则

（一）理论基础

美国教育学家和心理学家加德纳（Gardner）认为，人的智力具有多样性，包括但不限于智力，如语言、数学逻辑、空间、音乐、躯体运动、人际交往、自然观察等方面，都具有多样性。这一理论为跨学科融合课程提供了智力发展的多元视角，强调通过多样化的教学活动来激发学生的各种智能。核心素养指出学生必要的品格和关键能力，以适应个人终身发展和社会发展的需要，在接受相应学段的教育过程中逐步形成。跨学科整合课程对培养学生的核心素养有很大的帮助，特别是在创新素养、思辨能力、合作沟通等方面都有很大的帮助。

（二）实施原则

课程的设计和实施要围绕学生的需求、围绕学生的兴趣、围绕学生的发展来设计和实施。跨学科融合课程为满足不同学生的学习方式和兴趣，提供了多样化的学习体验。跨学科融合课程要打破学科壁垒，将不同学科的知识、技能、方法融会贯通，使学生通过融会贯通，对艺术及其他学科的知识、技能、方法、联系等有一个更全面、更深入的了解。跨学科融合课程强调实用性，鼓励学生在实践中学习，通过实践，学生对所学知识有了更好的理解和应用，解题能力得到了提高。鼓励跨学科融合课程培养创新思维和创造能力。培养学生创新意识和创造能力，通过引入新颖的教学内容和教学方法，激发学生的求知欲和探索欲。学科交叉融合的课程，需要科任老师的紧密协作。通过教师间的协作交流，共同设计和执行课程，做到课程衔接，效果一致。

三、课程的实施与建设

近年来，跨学科融合课程在小学艺术课程中的研究逐步增加。国内外学者就此问题从不同的角度展开了深入的讨论。一些学者关注于跨学科融合课程的理论构建和实施策略。他们通过分析跨学科融合的内涵与特点，提出了针对性的课程设计原则和教学方法。同时，还有学者对跨学科融合课程实施过程中的问题与挑战进行了深入研究，并提出了相应的解决策略。我国小学艺术教育已逐渐认识到跨学科融合的重要性，并开始尝试打破传统学科界限，探索艺术与其他学科的结合点。跨学科融合课程已在国内部分先进的小学开始推行，以培养学生综合素养和创新能力为主要目标，以课程的整合为重点来激发学生的学习兴趣，提高教学效果，以培养学生跨学科综合能力为目标，以教师的跨学科教学能力与素养为基础，以教师的跨学科培训为保障，以学校内外资源的有效整合为依托，以与艺术团体、博物馆等机构的合作为基础，以提供丰富的艺术实践机会为目的，以培养学生综合素养和创新能力为主要目标，以培养学生跨学科综合能力为重点。鼓励教师根据地方文化和学校特色，开发具有创新性的跨学科艺术融合课程。目前，国内小学艺术课程中跨学科融合的实施仍面临一些挑战。例如，部分学校缺乏跨学科教学的师资力量，导致融合课程的实施效果不佳；同时，一些学校过于追求形式上的融合，而忽视了不同学科之间的内在联系和深度融合。在国外研究方面，学者们更注重于跨学科融合课程的实践探索与效果评估。他们通过实证研究方法，对跨学科融合课程在学生创造力培养、艺术素养提升等方面的效果进行了深入剖析。国外学者还关注于跨学科融合课程与教师专业发展之间的关系，探讨了如何提升教师跨学科教学的能力和素养。在国外，尤其是欧美等发达国家，跨学科融合课程在小学艺术教育中已经得到广泛应用和推广。这些国家通常拥有完善的艺术教育体系和丰富的艺术教育资源，为跨学科融合课程的实施提供了有力保障。国外小学艺术课程中的跨学科融合注重学生的主体性和实践性，鼓励学生通过亲身参与和探究来发现不同学科之间的联系。同时，国外教育者还注重利用现代科技手段来辅助跨学科融合课程的实施，如利用虚拟现实技术为学生创造身临其境的艺术体验。

四、课程的实施策略

（一）课程设计策略

要确定融合的主题，既有吸引力，又有探索性。此题或为现实问题，与学生的生活密切相关；或为艺术创作的挑战任务。主题要能从不同学科入手，这样才能激发学生的学习兴趣，才能把学生的难题想出来，把他们的难题解出来。确定题目后，对题目中涉及的艺术等学科知识，要进行深入的分析。通过将这些学科知识融会贯通，构建起一个跨学科的知识体系，使学生在对学科进行探究的过程中，学习不同学科的知识和技能。一系列的探究活动都是按照融合主题、交叉学科的知识体系设计的，引导学生通过亲身参与和实际操作来发现问题并提出解决办法。在活动的设计过程中，也要考虑到促进学生相互学习、相互启发的协作与交流，在探究活动中融入艺术元素，使学生在感受艺术魅力的同时，对学科知识有深入的探究与认识，从而在艺术修养和审美能力方面有提高。例如，可将绘画或音乐元素与科学实验相结合，在观察实验现象的同时进行艺术创作。在课程考核时注意对过程的衔接，以及与跨专业一体化的结果的衔接，以利于学生综合能力的提高。估分时，既要注意学生对学科知识的掌握程度，又要重视学生在艺术表现力上的发挥，还要重视培养学生创新的思维方法和解题技巧，使学生在多元化的考核方式中得到全方位的体现，对其学习成果与进步进行综合评定。

（二）教学方法策略

1. 合作学习策略

合作学习是一种重视学生之间相互合作共同完成各自任务的教

学方法，尤其有利于激发学生的创造性思维。通过将学生分成若干小组，按照不同的专业分工分配任务，小组成员之间要通力合作，各尽其责、各显其能，既有利于培养学生的团队协作能力，又能使学生在合作中相互学习取长补短，从不同学科的角度去思考和解决问题。在跨学科的融合课程中可以让学生扮演不同的角色，如艺术家、科学家或历史学家等，从不同的学科角度去进行创造性思考与解决问题。从这一点来说，合作学习是一种行之有效的促进学生全面发展的有效途径。学生通过角色扮演，对各门学科的知识和方法有了更深刻的认识，并能学会在解决现实问题时运用多学科的知识进行思考与解决。

2. 探究学习策略

探究式学习是鼓励学生自主探究、自主实验、自主发现解决问题的一种问题式教学方法。探究式学习能在跨学科的融合式课程中，培养学生独立思考、勇于创新的能力。通过提出问题，教师可以根据跨学科融合课程的主题，提出具有挑战性和探究性的问题。这些题目要能激发学生的好奇心和求知欲，引导学生深入探究，做到心中有数，融会贯通。通过自主探究，学生可以根据问题，自主选择研究方法、收集资料、进行实验等探究活动。在这个过程中，需要教师给予适当的引导和支持，才能保证学生的探究活动能够顺利进行。学生在探究之后，需要总结和反思自己的探究过程和结果，这是一个很重要的问题。这样既可以帮助学生巩固所学知识，又可以让学生找出不足，加以完善。

3. 其他教学方法策略

除合作学习和探究学习之外，还有其他的授课方式与策略也可在跨学科融合课程中得到运用。如项目式学习，让学生完成一个具体的跨学科项目，比如设计一件环保艺术品或者策划一次历史文化展览等，以培养学生的跨学科思维能力和动手能力。再比如情景式授课，以与跨学科融合课程主题有关的实际情景为载体，让学生在情境中学习体验感悟，从而对不同学科之间的联系有更好的认识，对其实际运用情况也能做到心中有数。另外，为使学生对学习成果和学习进步有更全面的认识，还可结合自评、互评、师评等多种方式进行综合考核。对过程性和表现性的考核都给予重视；注重对学生创新思维的发展和动手能力的培养；注重对学生综合素养的考核。

（三）学习资源与技术支持策略

1. 多媒体应用策略

能够为学生提供图文并茂、声像结合的学习体验，多媒体技术是现代教育不可或缺的工具。教师利用交互式课件，在课堂上展示图文并茂、生动活泼的视频和音频资料，增强了学生的认知能力。例如，在艺术与科学的跨学科融合课程中，通过展示不同动物的生活习性视频，学生可以更直观地了解动物的特征，进而创作出更具创意的动物绘画作品。在虚拟实验室的帮助下，学生可以结合数码画板或音乐制作软件等艺术创作工具，在安全的环境中探索科学实验，以艺术的形式呈现科学原理。这样的组合不仅培养了学生的科学素养，而且对他们的艺术创造力也能起到很大的启发作用。

2. 在线学习平台策略

网上学习平台为使学生提供了更灵活、更具个性化的学习途径，为丰富的在线课程及资源库提供可访问的渠道，内容涵盖艺术史科学原理文学创作等跨学科内容，使学生的视野得到开阔，并能自主选择感兴趣的学习路径进行深入探索，在教师的指导下进行深入的学习。

网络学习平台还能建立互动式学习社区，以鼓励学生之间的网络沟通与互动。学生在社区里分享自己的艺术作品，科学研究成果或者是文学创作，并接受来自同伴和老师的各种反馈与意见，使自己的跨学科学习能力不断得到提高。

3. 技术支持下的个性化学习策略

教师能根据学生的学习方式和兴趣喜好，结合学习分析技术智能推荐系统，为学生的跨学科学习推荐合适的资源与活动，满足学生的不同需求，增强学习动力。可见，对提高学生的学习效果有很大的帮助的个性化学习策略，是能使学生获得更好学习成果的有效途径之一。

（四）课程的评价策略

1. 过程评价策略

过程评价策略侧重观察、记录和评价学生的学习过程，目的是发现学生的学习进度、困难和需要，以便及时调整教学策略。教师可以将学生的参与情况、合作能力、创新思维等在跨学科融合课程中的表现，通过课堂观察记录下来。观察可以包括学生的各个方面，如言语表达、艺术创作过程、科学实验操作等，从而对学生的学习状态有一个全面的认识。鼓励学生在跨学科学习的过程中，写下自己的所思、所感、所遇到的问题，并记录学习日志、解决方案等内容。学习日志既可以帮助学生进行自我反思、自我总结，又可以将宝贵的教学反馈提供给教师。为学生建立作品档案袋，收集学生在绘画、手工、摄影、文学创作等跨学科融合课程中的各种作品。教师通过对档案袋的定期翻阅，对学生的艺术成长轨迹、跨学科学习成绩等进行评估。

2. 结果评价策略

成绩考核以检验教学目标是否达成、学生综合素养是否得到提高为目的，是对学生学习成果进行的最终考核。学校可以组织学生举办邀请家长、其他老师、学生共同观看的跨学科艺术作品展演或汇报演出。通过作品展示，直观地呈现学生的学习成果，同时培养他们的自信心和表达能力。学生在学期末或课程结束后接受综合考核。为了让家长和学生对学习成果有一个全面的了解，考核应该涵盖学习过程、作品质量、创新能力以及跨学科融合课程中的团队合作等多个方面。可以采用标准化的方式，考查一些交叉学科的知识点或技巧。同时，教师为了更全面地评价学生的学习效果，还可以根据课程特点，结合学生的实际情况，设计出自定义的考核工具和考核方式。

（五）教师专业发展策略

跨学科一体化课程的实施，师资力量是关键：跨学科素养的提高，教学能力的增强，都是必不可少的。学校要定期组织跨学科融合课程的培训，邀请专家为教师讲解跨学科教学的理念、方法和实践案例，帮助教师了解和掌握跨学科教学的基本知识和技能。在教学过程中，学校要结合实际，鼓励教师积极参加跨学科的讲习班、研讨班等活动，与同行进行深入的交流，拓宽教师的视野，使教师的跨学科素养不断得到提高。组织教师进行跨学科融合课程的教学观摩，学习优秀教师的教学方法和教学策略，学习优秀教师的教学经验，提高教师的教学实践能力。通过实践探索跨学科教学的有效模式，不断积累教学经验，鼓励教师自主设计和实施跨学科融合课程的教学案例。指导教师开展教学行动研究，查找问题，提出改进方案，并结合自己的跨学科教学实际，不断优化跨学科教学策略，并付诸实践，加以验证。鼓励教师撰写教学日志，记录跨学科融合课程的教学过程和心得体会，及时进行教学反思，总结教学经验，发现不足，为后续的教学提供改进的方向。在教学过程中，学校要组建由不同学科背景的教师组成的跨学科教学团队，共同研讨跨学科一体化课程实施策略、共享教学资源、协同推进教学设计与实践等方面的内容。鼓励教师之间互相学习，互相帮助，共同提高跨学科教学能力，在团队中建立合作共享机制。同时，以激发团队创新活力为目的，定期组织团队成果展示交流活动。学校也要制定相关政策，对教师提供资助，对更新教学设备等跨专业发展的相关政策给予支持。同时，学校要为教师跨专业学习，积极争取外部资源和平台。将跨学科融合课程教师的表现纳入评价范围，建立科学的教师评价机制。同时，设立跨学科教学成果奖励、评选优秀教师等激励机制，激发教师参与跨学科教学的热情和主动性。

（六）学校文化与政策支持策略

学校的文化和政策对跨学科一体化课程的实施起着举足轻重的作用。学校要致力于创造这样一种文化气息，即鼓励和提倡跨学科的学习方式。对教师进行以培养学生创新意识为主要目标的教学改革和培训的同时，也要举办一些能激发学生创造性思维和想象力以学科交叉为基础的竞赛和展览。学校对跨学科理念有比较清楚的认识，把跨学科的理念融入校风校训文化，把跨学科的思想渗透到学校的日常生活中去。教师与学生就不同学科领域进行经常性的协作交流和知识共享，以打破学科壁垒，促进知识交流与融合。学校可定期举办跨学科研修班、教学沙龙等活动，为全体教师提供交流学习的机会，同时学校要制定明确的政策，对跨学科融合课程给予一定的支持与重视，政策上可对课程设置、教学资源分配、教师考核等方面进行规定，保证跨学科融合课程得到应有的重视与支持。为实施跨学科融合课程提供必要的资金支持，用于购买教学设备、组织校外实践活动、聘请专家、教师培训等方面。对课程的顺利实施给予一定的奖励机制，鼓励广大师生对跨学科一体化课程的参与与重视。学校可设立跨学科教学成果奖和学生创新作品奖等，对在跨学科学习中表现突出的教师和学生给予表彰和奖励。同时，为适应跨学科融合课程的需要，学校也应对教学安排进行灵活的调整，为跨学科实践活动提供足够的时间，并鼓励教师根据课程需求进行个性化的教学设计和实施，从而提高学生的学习效果。

（七）家校合作与社区资源利用策略

利用家校合作的社区资源，跨学科融合课程的实施有了更广阔的空间，学校定期与家长进行沟通和交流，分享学生在跨学科融合课程中的学习情况和进步情况，听取家长的建议和意见，满足学生的学习需求，并鼓励家长在跨学科融合课程的设计和实施过程中，以家长的视角和经验来增强课程的实践性和生活性。另外，学校还可以举办家长培训和工作坊来增强家长对跨学科教育的认识，并传授一些家庭教育的技巧和方式。同时学校还可与社区文化机构建立合作关系来共享资源，为学生创造更丰富的艺术体验和实践机会，提高学生的跨学科综合能力，同时也为社区文化事业的发展贡献自己的一份力量。因此，家校合作与社区资源的利用，可以为跨学科融合课程提供更广阔的实施空间。通过实践应用学科交叉知识，促进学生的社会责任感和团队协作能力，引导学生参与社区环境美化、文化艺术节等社区服务项目。邀请艺术家、学者等社区专家走进校园，与学生互动交流，分享专业知识与心得体会，激发学生学习的积极性与创造力。利用数字技术，为学生提供网上课程、虚拟博物馆等多样化的学习资源和平台，扩大学生的学习视野。校本教材与教学资源的开发，结合学校特色与学生需求，使跨学科的一体化课程与学生的实际情况、学习兴趣更加契合。美术室、音乐室、科学实验室等学校教学设施的合理配置和利用，保证了跨学科一体化课程的顺利实施。积极探索与周边学校资源共享、提高资源利用效率的资源共享模式。

（八）学生学习动力与激励机制策略

对学习过程本身的质量也给予一定的重视，对学生的学习状况给予综合的考核和评价，使学生对自己的学习过程有一个比较全面的认识。另外，为了使学生真正体会到跨学科融合课程的价值与意义，也为了激发学生学习的兴趣和热情。教师可结合学科特点对学员进行以点带面的融会贯通的授课方式，使学生在学科知识的融会贯通上有新的收获与体会。同时，教师也可根据学生的学习情况与需求，针对不同层次的学生设置不同的教学目标和学习要求，使学生在自主学习上有新的提高与突破。对学生学习过程中的表现及所付出的努力，也应对其进行综合的考核与评价。为了鼓励学生进行相互评价，从而培养学生的批判性思维和团队协作能力，也在教学中加以重视和倡导。为激励学生的学习积极性和竞争意识，根据学生的学习表现和成果，从高到低设立不同层次的奖励，如优秀作品奖、进步奖等。对每个学员的不同需求和兴趣做到心中有数,有针对性地为其提供满足学习需求的个性化学习资源和活动。在一定范围内允许学生对跨学科融合课程的学习内容有自主选择权,增强其学习的自主性和责任感。教师与学生之间建立起相互信任、尊重支持的关系,使学生感受到教师的关怀与鼓励,从而更加主动地投入学习中,以小组形式进行合作学习,培养学生的团队协作精神和沟通能力,使他们从集体智慧中获得学习动力。对学生进行有针对性的培养和训练,使其在学习过程中能够更好地发挥自己的潜能。为激发跨学科融合课程中学生的好奇心和求胜欲望,定期举办趣味竞赛与挑战活动,使他们在轻松愉快的气氛中增强学习动力,通过活动培养学生的综合能力。

五、效果评估与分析

本研究采用多种评估方法,包括问卷调查、课堂观察、学生作品分析以及教师、学生和家长的访谈等,以收集全面、客观的数据。设计针对教师、学生和家长的问卷,了解他们对跨学科融合课程的认知、态度和满意度。深入课堂,实地观摩跨学科融合课程的实施过程,包括教师的教学行为、学生的学习表现和课堂氛围。征集学生艺术作品,从创意、技法及学科间的融会贯通等方面进行分析、品评。与教师、学生和家长进行面对面或电话访谈,深入了解他们对跨学科融合课程的看法、体验和建议。

教师自身的专业素养和教学能力也在跨学科融合课程的实施中得到了提高,这是随着跨学科融合教育的发展而产生的必然结果。部分教师在课程设计和资源整合上遇到了一定的困难,需要加强跨学科知识和技能的培训，因为学生对跨学科融合课程表现出极大的兴趣，他们认为这种课程形式新颖有趣味，能激发学生的创造力和想象力，使学生在跨学科融合课程中既能提高艺术技能，又能学习运用其他学科的知识来解决问题，对学生的综合素养也有很好的培养作用。同时，由于部分学生对跨学科融合课程的学习有一定的难度，所以更需要教师在教学中给予指导和帮助，以帮助他们完成对跨学科融合课程的学习。大部分家长对跨学科融合课程持正面态度，认为这有利于孩子的整体发展，提高孩子综合素质，并对学校在实施跨学科融合课程方面给予更多的肯定与期望，为孩子创造更丰富的多样化学习经历。

综合考核表明，小学艺术课程的跨学科融合是行之有效的，它以独特的授课方式和丰富的教学内容，使学生在学习中更有热情和创造性，促使学生在学习中更加主动积极。通过跨学科融合课程的学习，学生掌握了运用多学科知识解题的本领，在综合素养和解题能力上得到了很好的培养。

实施跨学科一体化课程对教师的要求更高了，以促使教师不断更新自己的教育理念，提高自己的职业素养和教学能力，从而为学生提供更好的教育服务。这是教师自身素质的提升，也是学校教育教学水平提高的必然要求。

六、课程的实施要点

（一）明确课程目标

跨学科一体化课程的总目标要围绕提高学生的综合素养来展开。这里面包含了很多方面，包括艺术的涵养、人文的涵养、技术的涵养，这是一个非常重要的方面。通过课程的学习，学生在培养热爱艺术、追求美的同时，要能掌握跨学科的知识和技能，发展创新思维和解决问题的能力。在总目标的基础上，需要细化具体目标，并明确与各个学科的融合点。例如，在艺术课程中融入数学元素，可以设定具体目标为"通过艺术创作活动，让学生理解并运用基本的数学概念和原理"。这样一个具体的目标，既体现了艺术课程的特点，又和数学实现了学科间的交叉融合。制定课程目标时要充分考虑小学生的认知水平和兴趣特点。目标要有一定的挑战性，不能超出学生的能力范围，通过寓教于乐的教学活动和内容，使学生在愉快的氛围中主动探索、主动学习，从而激发学生的学习兴趣。课程目标要明确、可操作性强，便于教师根据目标设计教案、进行活动安排，在教学过程中，做到有的放矢。同时，目标还要有可评性，就是要能检验学生的学习成果是否达到了预期的目标。通过一定的考核方式和标准，可以及时了解学生的学习情况，供个别辅导老师或集体讲解问题时参考。

（二）精选教学内容

选择教学内容时，应注意其跨学科性，即选择能体现艺术与其他学科之间的内在联系和融合的内容，如选择与科学学科有关的艺术主题或作品，引导学生对有关其他学科的知识和概念进行探索与认识，从而达到融会贯通的目的。

艺术学科的核心知识虽然强调跨学科的融合，但仍然要突出教学内容的选择。这里面包含了艺术基本技能、创作方法、艺术史论、艺术批评等方面的内容。通过对这些核心知识的讲授，帮助学生在艺术领域建立整体认知，为后续的艺术学习与创作奠定基础。

选择适合小学生认知程度、兴趣特点的教学内容授课，寓教于乐。过于繁杂或抽象的内容可能会使学生感到难于理解，而缺乏趣味性的内容又不一定能激发学生学习的兴致，这就是为什么在教学内容的选择上，要注重其直观性、形象性和趣味性，以更好地吸引学生的眼球，激发学生的学习热情。跨学科融合课程的教学内容应该具有启发性和探索性，能够引导学生主动地去思考和探索问题。通过选择开放性、多元性的教学内容，为学生提供更大的思考空间，创造机会，从而培养学生创新思维和解决问题的能力。学校内外的教学资源在选择教学内容时也应得到充分的利用与整合，如教科书、教辅资料、艺术作品、艺术工作者资源以及各类社会实践基地。通过整合这些资源，在跨学科的融合课程实施中，提供更丰富多样的教学内容和学习体会。

（三）设计融合活动

融合活动的主题要与跨学科的教学目标紧密结合，要能体现艺术与其他学科的融合点，要有较强的融合性。题目的选择可从学生的生活阅历、社会热点或文化传统等方面入手，保证题目既有教育意义，又能调动学生的兴趣和探求欲望。整合学科知识在设计活动时，要将不同学科的知识、技能有机地融合到活动中，深入挖掘艺术与其他学科之间的内在联系，如艺术创作可与科学原理相结合，也可运用数学知识进行艺术图案的设计等。融入活动要强调学生的亲身参与和操作，使他们在实践中有所感悟、有所探索、有所发现。通过实践活动，学生对学科交叉的知识有了更直观的认识，对题目的理解能力有了更大的提高，创新思维和动手能力得到了更好的培养。在设计融合活动时，重点突出培养学生的团队协作精神，注重培养学生的能力。可以设置小组合作任务，让学生在团队中一起完成任务，把自己的所思所想分享给同学们。通过合作学习，既促进了学生间的交流互动，又培养了他们的集体意识，增强了责任感。活动结束后，引导学生反思，并结合活动的开展，认真开展评议。对于活动中出现的问题及改进方法，学生可以将感想、收获与心得分享给他人。这一环节可以帮助学生巩固所学知识，增强自我认知能力，并通过反思、评议等方式，使评价能力得到加强。

七、课程的挑战与策略

跨学科融合课程需要将不同学科的知识点、技巧进行整合，设计出对教师课程设计能力要求较高的教学内容，既符合艺术教育规律，又能体现跨学科特点。实施跨学科融合课程，需要充分利用和整合校内外的各种教学资源，如教材、教具、艺术家资源、校外艺术机构等，在实际操作中往往有一定的难度。

（一）挑战

跨学科融合课程要求教师具备跨学科的知识储备和教学能力，而目前小学艺术教师的专业素养普遍偏重于单一学科，难以胜任跨学科教学。

跨学科融合课程对学生的学习方式和思维能力提出了新的要求，部分学生可能难以适应这种新的学习模式，表现出学习困难或兴趣不高。

部分学校在实施跨学科融合课程时，只是简单地将不同学科的知识进行拼凑，缺乏深层次的学科整合和实质性的内容融合。

跨学科融合课程的教学效果难以用传统的单一学科评估标准来

衡量，需要构建新的、多元化的评估体系，这在实际操作中存在一定的难度。

部分家长对跨学科融合课程持怀疑态度，担心影响孩子的学业成绩和未来发展，从而对课程的实施产生阻力。

（二）策略

针对教师在课程设计能力和学科交叉素养方面的不足，组织定期培训辅导活动，邀请专家授课示范，增强教师的专业素养和教学能力。

通过建立校内外教学资源共享平台，促进不同学科教师之间的交流与合作，实现教学资源的有效整合与利用。

构建包括学生自评、互评、教师测评、家长测评等多维度的多元化课程评价体系，增强评价教学效果的科学性和实效性，全方位反映学生的学习成果和进步情况。

通过家长会、开放日等活动，向家长介绍跨学科融合课程的理念、目标及实施效果，以形成家校共育的良好氛围，争取家长的理解和支持。

八、结论与展望

通过实践和研究，我们得出这样的结论：跨学科融合课程在小学艺术课程中的实施，对学生的艺术素养等相关学科的知识和技能能起到有效的促进作用，对学生的整体发展也能起到促进作用。学生通过跨学科的学习和实践，激发了学习兴趣和创造力，培养了创新思维，可以接触到更多样化的知识和表达方式。实施跨学科融合课程，需要教师不断更新教育理念，增强适应新教学需求的知识储备和教学能力，对教师提出了更高的要求。跨学科融合课程的实施需要精心的课程设计和合理的实施策略，包括教学目标的设定、教学内容的选择与整合、教学方法的运用以及教学评价的开展等，这些都是影响课程实施效果的关键因素，因此，需要通过精心的课程设计和合理的实施策略来实现跨学科融合课程的教学目标的制定。我们认为跨学科融合课程在小学艺术课程中的发展更加注重学生的主体性和实践性：①跨学科融合课程未来将通过丰富多样的教学活动和实践项目，让学生在亲身体验中感受艺术魅力，提升综合素养。②随着科学技术的不断发展，运用先进的科学技术手段，为艺术教学提供了新的可能性和创新空间。未来的跨学科融合课程将更加注重科技与艺术的深度融合。③未来跨学科融合课程将更加注重社会资源与学校教育的有机结合，通过校企合作、社区参与等方式引入更多优质的社会资源，为学生提供更广阔的学习与发展平台。④未来教师的专业化发展将不断加强，包括跨学科知识储备的提升、教学技能的创新、教育理念的更新等，以适应跨学科融合课程的发展需求。

第二章

"和合"
民族文化艺术教育
校本课程的
模块设计

模块一 艺术与"和合"理念导论

每一种文化，每一个民族，在漫长的艺术长河中，都有它特有的艺术表现手法。在中国，一种深深植根于我们文化传统的理念就是"和合"。那么，什么是"和合"？在艺术中，它又扮演着怎样的角色呢？

一、"和合"的基本含义

"和合"二字源于中国古代的哲学思想，其中"和"指的是和谐，强调事物之间的平衡与协调；"合"则指的是结合，强调不同事物之间的连接与统一，综合起来，"和合"代表着一种追求和谐、统一、融合的价值观。

二、艺术在"和合"文化中的角色

艺术作为人类文化中的重要内容，承载着对文化的反思性、传承性、塑造性等方面的作用。在中国文化的深厚土壤中，以"和合"为核心的价值观深刻地影响着艺术的创作与表现。"和合"理念在"和合"文化中占有举足轻重的地位。所以，艺术在"和合"文化中扮演着多重角色，它既是"和合"理念的传播者，又是其身体力行的践行者，还是其推陈出新的创造者。

（一）艺术作为"和合"理念的传播者

艺术作品，包括绘画的山水之景，音乐的民族曲调，舞蹈的民族舞姿，以及戏剧的角色对戏等，都是"和合"理念的重要的传播媒介。艺术家将"和合"的精神内涵融于创作之中，把"和合"文化所特有的韵味传递到观众面前。比如，"和合"思想所崇尚的协调之"构"是山水画中必不可少的元素；和谐之"音"在民族音乐中占有举足轻重的地位；协调之"曲"是民族舞蹈中的灵魂所在；对"合"之"戏"，在戏剧中达到人物间心领神会之"和"，是艺术将"和合"理念传达给观众的最佳方式。

（二）艺术作为"和合"理念的实践者

艺术本身就是追求和谐统一的过程。艺术家在创作时既要注意作品内部各元素的和谐搭配，又要注意作品与外部环境的和谐关系。通过精心的构思和精湛的技艺，艺术家将各种看似矛盾的元素巧妙地融合在一起，最终创作出既合乎艺术规律，又富有"和合"精神的作品。这既丰富了艺术的表现形式，又加深了人们对"和合"理念的认识和认同。因此，这种创作实践不仅使艺术得到了发展，而且使人们在认识上得到了进一步的提高。

（三）艺术作为"和合"理念的创新者

艺术在向人们传承"和合"文化的同时，也在不断创新与发展。结合时代的特点和社会的需要，艺术家们运用新的艺术手法和表现形式，创造出既有传统韵味又富有时代特色的艺术作品，在满足人们多元化审美需求的同时，也为"和合"文化的传承注入了新的活力和内涵，使"和合"文化得以更好地传承下去。这说明艺术是一种具有生命力的表现形式，它不仅可以传递文化的内涵与精神，而且可以促进文化的发展与传承。

三、"和合"在艺术中的体现

（一）绘画中的"和合"

高山流水，云雾树影，巧妙地融于中国山水画中，浑然一体。而且人物和背景、服装和道具在人物画中也是讲究搭配和谐的。

（二）音乐中的"和合"

"和合"思想是中国文化的重要内容，也是中国民族音乐中的一个重要元素。"和合"理念体现的很多方面都与音乐有关，如在音调上的协调和谐，节奏上的有条不紊，音色上的悦耳动听，以及演奏形式上的相互配合等方面。"和合"音乐在中国民族音乐中的表现，不仅仅是一种艺术上的创新。

（1）中国民族音乐在音调上讲究五声调式，也就是宫商角徵羽，五个音相互关联、相互依存，共同构建出和谐的音乐旋律。运用五声调式能使音乐旋律优美动听，同时更体现出音乐内在的和谐统一。

（2）中国民族音乐在节奏上讲究平稳和韵律的协调，在各种不同的节奏形式中做到相互穿插，相互呼应，从而在演奏过程中既能有变化又能保持和谐，形成了一种独特的节奏感。

（3）在音色上，中国民族音乐追求音色的纯净与融合。多种民族乐器音色独特，如琵琶、二胡、古筝、笛子等，在演奏过程中，这些乐器相互配合，音色相互融合，共同营造出一种和谐的音乐氛围。这种音色的融合不仅体现在乐器之间的配合上，还体现在人声与乐器的结合上，如民歌中的男女对唱、合唱等，都展现了音乐中的和谐之美。

（4）在演奏上，中国民族音乐也体现了"和合"的精神。独奏或重奏或伴奏，都要求演员之间要有默契的配合。在演奏过程中，演员通过精湛的技艺、默契的配合，将音乐中的情感表达得淋漓尽致，让观众在欣赏音乐的同时，更能体会到演员间的和谐与团结。

（三）舞蹈中的"和合"

舞蹈作为一种充满活力的艺术形式，通过舞者的肢体语言，传递着情感，传递着故事，传递着文化的内涵。中国民族舞蹈的舞姿、节奏、队形以及情感的抒发上，同样深刻地体现了"和谐"的理念。

（1）中国民族舞蹈在舞姿上讲究柔顺和谐的形体。舞者所展示的是一种圆润连贯的舞蹈线条，通过屈伸、扭动、跳跃等形体动作展现出来。这种舞姿的和谐不仅体现在单个舞者的形体上，还体现在舞者之间的配合上，如在双人舞中的托举、对转等动作，都需要舞者之间配合默契，彼此之间协调一致才能完成。

（2）中国的民族舞蹈，讲究的是在韵律上把音乐和舞蹈紧密地结合在一起。舞者在动作速度和力度上根据乐曲的节奏变化进行调整，以保持与乐曲高度契合的韵律。这种韵律上的和谐统一，既增强了舞蹈的艺术感染力，又使观众感受到一种愉悦，在欣赏的过程中又不失和谐。

（3）中国民族舞蹈在队形上讲究变化，讲究整齐划一。群舞表演中，舞者通过队形的不断变化，展示出层次分明、动感十足的舞蹈之美。这些队形的变化，既有规律性的几何图形，又有标志性的图案，寓意十分深远。舞蹈演员之间无论怎样变换队形，都环环相扣，相互配合，使整场舞蹈演出呈现出和谐统一的美感。

（4）从情感上来说，中国民族舞追求舞者与观众的情感共鸣。舞者通过舞蹈动作和表情传达内心的情感变化，带领观众进入舞蹈所营造的意境之中。在这个过程中，舞者与观众之间形成了一种默契的情感交流，共同感受舞蹈所传递的"和合"之美。

（四）戏剧中的"和合"

戏剧通过演员将故事情节、人物性格、文化内涵等活灵活现地呈现在观众面前，它是融合了文学、音乐、舞蹈、绘画等多种元素的综合性艺术形式。"和合"理念在中国传统戏剧中同样扮演了重要角色的，在人物关系、情节安排、舞台呈现以及观众体验等各个方面都起着举足轻重的作用。因此，对于"和合"理念的理解和运用，在戏剧创作和表演中，同样具有十分重要的价值。

（1）在中国传统的戏剧中，对人物关系特别的重视，讲究的是角色之间的协调与平衡。演员在塑造人物性格和表演风格上各有特色，但又是互相依存、相互烘托的，各类型的角色，在戏剧中共同构成了和谐统一的整体。这种角色之间的协调与平衡不仅表现在人物塑造上，还体现在角色之间的互动与配合上，如对手戏中的默契配合，群戏中的协调一致，等等。

（2）我国传统的戏曲讲究逻辑上的通顺连贯性。戏剧的故事情节往往是紧紧围绕着一个中心思想展开的。通过一系列环环相扣的情节来推进故事的发展，这些情节之间既有相互联系的因果关系，又有对比与相互衬托的关系，共同构成了一个完整的、和谐的故事框架。逻辑上的通顺连贯使故事结构严谨清晰，也使观众在欣赏的时候更容易产生共鸣与情感投入，从而得到更深层次的审美享受。

（3）在中国传统的戏剧表演上，对舞台布置、灯光音响、服装道具等各个元素都讲究协调搭配，使之与戏剧内容相互契合，达到艺术上的和谐统一，进而从视觉上也能得到愉悦的享受，这是中国传统戏剧在艺术表现上的一大亮点。

（4）在观众的欣赏体验上，中国传统戏剧是追求与演员之间产生情感共鸣和文化认同的。"戏剧表演是艺术的体现，也是文化的传播过程，更多的是情感的传递"，通过欣赏演员的表演来感受戏剧所传递的情感与文化内涵，从而与演员产生情感共鸣和文化认同。观众与演员的和谐互动，既增强了戏剧的感染力与传播力，又让观众在欣赏过程中获得了愉悦的精神享受的同时。

本单元的学习使学生对"和合"理念有了更深刻的认识，并能敏锐地体会到"和合"所蕴含的美之精髓；再者，学生还将就"和合"观念在自身生活中加以实践运用，以增进人与人之"和合"与和谐之精神；最后，学生以"和合"之精神凝聚心志。

模块二　民族艺术概论

作为中华文化的重要组成部分，中国民族艺术以其独特的神韵、厚重的历史底蕴、丰厚的文化内涵，成为世界艺术宝库中一颗璀璨的明珠。在"和合"民族文化教育的视角下，探讨和传授中国民族艺术不仅有助于培养学生的审美情趣和艺术修养，更是传承和弘扬民族文化的重要途径。

一、中国民族艺术的特色

我国民族艺术历史悠久，具有鲜明的民族特色。其特色主要体现在以下几个方面：

（一）多元一体

中国民族艺术的首要特色在于其多元一体性。我国是多民族聚居的国家，56个民族齐心协力，创造了丰富的艺术形式和艺术样式。每个民族都有其独特的艺术传统和表现手法，如汉族的书法、绘画，藏族的唐卡艺术，苗族的刺绣艺术等。在长期的交流与融合中，这些不同民族的艺术相互借鉴、相互吸收、相互创新，形成了多元融合的国家艺术格局。这种多元一体性不仅体现在艺术形式的多样性上，更体现在艺术内涵的丰富性和深刻性上。

（二）注重意境

中国的民族艺术讲究的是意境的营造，追求的是意蕴，是意象。意境是艺术家通过艺术作品表现出来的，是艺术作品心灵深处的一种情感氛围和审美境界。在中国的民族艺术中，不管是绘画、音乐、舞蹈还是戏剧，都注重引发观众无限的联想和想象，通过作品本身无法超越的有限的艺术影像，让他们在欣赏的过程中感受到美。这种对意境的追求体现了中国民族艺术对美的独特理解和追求。

（三）以形写神

中国民族艺术讲求以形写神，着重表现人物的精神世界和情感状态，用鲜活的艺术形象表现出来，使人物有血有肉地跃然于观众眼前。在中国民族艺术中，艺术家们往往从人物的外在形象入手来揭示人物的内在世界和情感变化，通过对人物外貌、动作、神态等方面的细致入微的刻画来达到以形写神的目的，既表现了艺术家对现实生活的深刻洞察和认识，又对艺术规律做了深刻的把握和运用。因此，以形写神是运用中国民族艺术表现人物精神世界的有效方式。以形写神所塑造的栩栩如生的艺术形象具有形神兼备、妙趣横生的效果。

（四）寓教于乐

很多艺术作品都蕴含着丰富的道德教育和人生哲理，观众欣赏作品的同时感受作品传递出的积极的价值观和人生观，接受潜移默化的道德教育和精神洗礼，因此中国民族艺术既有审美价值，又有教育价值和社会价值。寓教于乐是中国民族艺术的一大特点，它使中国民族艺术在传承和发展中不断弘扬本民族的文化精神和价值观

念，因此具有十分重要的意义。同时，这种寓教于乐的特点也促进了中国民族艺术的发展和进步。

二、中国民族艺术的历史发展

在漫长的历史发展过程中，中国民族艺术经过了几个阶段的发展和演变，逐渐形成了绚丽多彩、美轮美奂的艺术面貌。

（一）原始艺术阶段

在原始社会时期，人们通过简单的绘画、雕塑和舞蹈等形式来表达对自然和生活的理解和感受。尽管简单粗暴，但中国民族艺术的雏形就是这些原生态的艺术品。

（二）古典艺术阶段

随着生产力的发展和文化的繁荣，中国民族艺术逐渐进入了古典艺术阶段。这一时期的艺术作品如青铜器、玉器、陶瓷、绘画、音乐、舞蹈等都取得了极高的成就，形成了独具特色的古典艺术风格。

（三）现代艺术阶段

中国的民族艺术，从近现代开始，进入了现代艺术阶段。这一时期的艺术家们积极吸收西方艺术的营养，同时坚持本民族的艺术传统和特色，创作出大量具有现代气息和民族风格的艺术作品。

三、中国民族艺术与文化传统的联系

中国的民族艺术是和文化传统紧密相连的。文化传统一方面提供了丰富的创作素材，为民族艺术汲取了灵感；另一方面，民族艺术是重要的文化传统传播方式。

（一）文化传统对民族艺术的影响

儒家思想主导的中国文化传统讲求"和合""中庸"等价值理念。中国民族艺术的创作理念和审美标准都受到了这些价值观念的深刻影响。

（二）民族艺术对文化传统的传承

中国民族艺术在作为文化传统的重要载体和传播途径的同时，也在传承与发展中不断弘扬本民族的文化精神和价值观念。通过对民族艺术作品的欣赏和学习，使人们对文化传统的认同感和归属感得到提升，从而更加深入地了解中国的历史文化和民族精神，对文化传统有了更全面的认识。可见，中国民族艺术在文化传统中起着举足轻重的作用。

学习本模块将使学生对中国民族艺术有更进一步的认识，他们将能够欣赏和鉴别不同类型的民族艺术作品，对其背后的文化内涵和精神价值有深入的了解，并因此能够培养出对民族艺术的热爱和尊重。

模块三　传统绘画艺术赏析

　　国画作为中华文化的重要组成部分，承载着厚重的历史底蕴和丰厚的文化内涵，是世界艺术宝库中一颗璀璨的明珠。国画艺术风格独特，绘画技艺精湛，思想内涵深刻。

一、中国传统绘画艺术概述

（一）中国传统绘画的定义与特点

　　中国传统绘画简称"国画"，是指运用毛笔、墨、颜料等工具，在宣纸、绢帛等材料上进行绘画创作的一种画法。它以其独特的线条造型、水墨渲染和色彩运用而著称。中国传统绘画注重意境的营造，追求"气韵生动"的艺术效果，强调画家的主观情感与客观自然的融合。

（二）中国传统绘画的历史发展

　　中国传统绘画的历史可以追溯到上古时期，经历了原始绘画、先秦绘画、魏晋南北朝绘画、隋唐绘画、五代两宋绘画、元明清绘画等多个发展阶段，一直延续至今，每个时期都有其独特的艺术风格和代表作品，共同构成了中国传统绘画的历史长卷。

（三）中国传统绘画的主要类型

国画按其题材和表现对象主要分为人物画、山水画、花鸟画等。人物画以人物刻画为主，着重表现人物的神态、内心世界等方面的内容；山水画以描绘自然景物为主，讲求画者情与自然的融会贯通；花鸟画以描绘花鸟等自然景物为主，注重画面的意境和美感。

（四）中国传统绘画与文化传统的联系

国画与文化传统紧密相连，一方面文化传统为国画提供了丰富的创作素材和灵感，另一方面，国画是文化传统的重要的传播方式。儒家思想也好，道家思想和佛教文化也罢，无不在国画中得到了淋漓尽致的展现。

（五）国画作品的审美价值与教育意义

国画的审美价值和教育意义是十分独特的，既能提高人们的审美情趣和艺术修养，又能对民族文化进行传承和发扬，还能提升民族自豪感和认同感都有很大的好处。而且通过学习国画，学生能对本国的文化遗产有更好的认识和重视程度，从而为传承和弘扬中华民族的优秀文化尽自己的一份绵薄之力，可谓一举多得。另外，对于中国传统绘画中的艺术手法，如意境的营造和情感的抒发等，在学生的创作和语言运用上都有正面的作用。因此，学习国画既能增加艺术修养又能起到弘扬民族文化的作用。

本模块旨在通过赏析中国传统绘画艺术，使学生了解中国传统绘画的基本特点、历史发展、主要流派及其与文化传统的联系。通过学习和欣赏，培养学生的审美情趣，增强他们对传统绘画艺术的鉴赏能力，加深他们对"和合"这一民族文化的理解。

二、传统绘画的技法与风格

（一）传统绘画的技法

1. 线条技法

（1）描摹方法：如"弦描""高古游丝描""铁线描""行云流水""兰叶描""钉头鼠描尾"等，每一种描摹方法在场景的表现和运用上都有独到之处。

（2）笔法：用不同的笔法可以表现出线条的粗细、浓淡、干湿等变化，包括中心、侧锋、逆锋、拖笔等。

2. 水墨技法

（1）墨色：通过墨与水的混合程度不同，呈现浓淡分明的色彩。

（2）渲染：包括湿笔渲染、干笔皴擦等，通过水墨的晕染和涂抹来营造画面的层次感和立体感。

（3）积墨与破墨：积墨是在画面上层层叠加墨色，破墨则是在未干的墨色上加以冲淡或添加浓墨，形成丰富的墨色变化。

3. 色彩技法

（1）平涂：均匀地平铺色彩，常用于工笔画的背景或服饰等部分。

（2）分染：在画面上先涂一层底色，再用其他色彩进行分层次的渲染。

（3）罩染：在分染的基础上，透明色再整体晕染一次，能使色彩更统一、色泽更协调。

4. 构图技法

（1）远近法：把画面的空间感通过远近、大小、高低等物体的变化表现出来。

（2）三远法：即高远、深远、平远，通过不同的视角、不同的构图方式，将画面的深远感和意境表现出来。

（3）取舍与操作位置：根据画面的需要，对景物进行取舍，对景物进行安排，使画面更和谐、更统一，具有较强的连贯性。

（二）传统绘画的风格

（1）工笔：表现物象的形体感，线条细密，色彩浓艳，讲究写实细腻。

（2）写意画风格：以简练的笔墨和概括的形象来表现对象的神韵和意境，注重写意和抒情。

（3）兼工带写的风格：介于工笔与写意之间，既有工笔的精细刻画，又有写意的笔墨意趣，一笔一画，一气呵成。

（4）文人画风格：以书入画，追求笔墨情趣和文人意趣，注重画面的意境和文化内涵。

（5）院体画风格：以宫廷画家为主，追求画面的富贵气息和装饰效果，注重画面的形式美和色彩美。

（6）民俗画风格：以表现民俗生活和风土人情的民间画工为主，具有浓郁的地方特色和民族风情，是一种传统的民俗画种。

学生通过学习该模块，将能提升对传统文化的认同感和自豪感，对国画艺术的丰富内涵和独特魅力有一个全面的了解。同时培养学生审美情趣和创新能力，通过欣赏、实践活动夯实全面发展的基础。

模块四　民族音乐与舞蹈的理论基础

在"和合"民族文化教育的视角下，小学艺术教育校本课程中的民族音乐与舞蹈模块，不仅是传授技艺的平台，更是弘扬民族文化、培育学生民族情感与审美意识的重要途径。本模块旨在通过理论教学，引导学生深入了解民族音乐与舞蹈的历史渊源、艺术特色及其与文化传统的内在联系，从而激发学生对民族艺术的热爱与尊重。

一、民族音乐的历史渊源与艺术特色

（一）历史渊源

作为中华民族悠久历史文化的重要组成部分，民族音乐的起源可以追溯到上古时期。民族音乐伴随着人类社会的进化，不断汲取各民族的智慧和创造，形成了独特的音乐系统。从古老的宫廷雅乐、民间俗乐，到现当代的地方戏曲、民族器乐独奏等，民族音乐在历史的长河中不断成长壮大，成为中华民族文化宝库中一颗璀璨的明珠。

（二）艺术特色

民族音乐以旋律、韵律、音色、演奏手法等方面的独到之处而闻名。在旋律上，民族音乐多采用五音调式，即宫调、商调、角调、徵调和羽调，这五个音阶构成了民族音乐旋律的根基。在节奏上，民族音乐注重节拍的灵活多变，常采用散板、紧打慢唱等手法，使音乐节奏富有弹性。在音色上，以其独特的材质和结构，使民族乐器的音色效果呈现出不同的效果。在演奏技巧上，民族音乐更是"独步天下"，如琵琶的轮指、二胡的滑音等，都是民族音乐的独特魅力所在。

二、民族舞蹈的历史渊源和艺术特色

（一）历史渊源

民族舞蹈是一种艺术形式，它与人类社会的产生、发展是相伴相生的。早在原始社会，人们就通过舞蹈来表达对自然的敬畏、对生活的向往以及对神灵的祭祀。随着历史的演进，民族舞蹈逐渐融入了各民族的生活习俗、宗教信仰和审美情趣，形成了各具特色的舞蹈风格。

（二）艺术特色

民族舞蹈以其鲜明的民族风格、独特的舞蹈语汇和丰富的情感表达而著称。在舞蹈风格上，维吾尔族的《赛乃姆》、蒙古族的《安代舞》等，各民族舞蹈都有自己独特的节奏和动作规范。在舞蹈语汇上，民族舞蹈通过丰富的手势、步伐和身姿来表达情感和刻画人物。民族舞蹈在情感表达上，常常结合民族音乐、戏剧等多种艺术形式，在欣赏过程中，让观众感受到强烈的情感共鸣，共同营造出别具一格的艺术氛围。

三、民族音乐与舞蹈的文化内涵和教育价值

（一）文化内涵

作为中华民族传统文化的重要组成部分，民族音乐和民族舞蹈的文化内涵十分丰富。它们不仅是各民族历史文化的载体和传播途径，更是中华民族重要的精神家园象征。通过学习欣赏民族音乐舞蹈，使大家更加深入地了解了各民族的历史文化、风俗习惯和精神风貌，从而增强了大家的认同感和民族文化的自豪感。

（二）教育价值

中国国乐和民族舞蹈对小学艺术教育具有很大的教育价值，首先可以培养学生的审美情趣和艺术修养，使学生在欣赏和学习过程中受到美的熏陶和感染；其次可以使民族文化得以传承和发扬光大，同时还可以增强学生的民族自豪感和对民族的认同感；最后通过学习中国国乐和民族舞蹈，学生还可以提高自己的身体素质和协调能力，对身心健康发展有很好的促进作用。

四、民族音乐与舞蹈的实施策略

可采取以下策略：一是注重理论联系实际，让学生在理解理论知识的同时进行实际操作，从而在小学艺术教育中更好地贯彻和落实民族音乐与舞蹈教学。二是既要保持民族艺术的传统特色，又要注重民族性、时代性；既要融入现代元素，又要融入时代精神。三是注重多样化和个性化的结合，提供多样化的教学内容和教学方式，尊重学生的个性差异和兴趣爱好。四是注重评学与反馈相结

合，对学生的学习成果进行及时的评价和反馈，激发他们奋发向上的干劲。

通过学习该模块，旨在引导学生通过系统的理论教学，深入了解和感受民族音乐与舞蹈的丰富内涵和独特魅力，通过系统的理论教学，达到寓教于乐的目的。该模块既是国家文化传承和推广的重要途径，也是艺术教育的重要内容。

模块五　戏剧与曲艺中的"和合"文化

在中华民族的文化宝库中，作为重要艺术形式的戏剧、曲艺，在承载着丰厚历史文化内涵的同时，也折射出"和谐共融"的思想。这种在中华民族传统文化中的讲求和谐、合作、共赢的理念，就是核心价值观。

一、中国戏剧中的"和合"文化

中国戏剧种类繁多，从京剧、昆曲到地方戏，无不体现出和谐与共融的艺术氛围。在戏剧表演中，角色之间、音乐与舞蹈之间、舞台艺术与表演之间，都需要高度的协调和配合，才能呈现出一台完美的演出。

（一）角色之间的和谐

在中国戏剧中，生、旦、净、末、丑五行各有各的表演风格，各有各的技艺，但它们并不是孤立地存在于舞台之中的。相反，多种角色联手打造了一个和谐统一的戏剧世界，靠的是精湛的演技和默契的配合。比如在京剧中，主角和配角、正角和丑角都有密切的合作关系，它们互相依靠，互相衬托，一起促进剧情的发展。

（二）音乐与舞蹈的和谐

中国戏剧中的音乐与舞蹈也是相互联系、不可割裂的一环，为观众带来了听觉与视觉上的双重享受。在戏剧表演中，音乐与舞蹈的密切配合必不可少，乐队演奏与演员表演的节奏和情感变化有着密切的联系，而舞蹈的设计也要与剧情和人物性格相契合，从而使音乐与舞蹈和谐统一，这不仅是"和合"文化精神内涵的体现，更是增强戏剧艺术感染力的有效途径。同时，这种音乐与舞蹈的协调一致，也是中国戏剧特有的"和合"文化的体现。

（三）舞台艺术与表演的和谐

中国话剧舞台艺术的地位举足轻重，它从视觉元素上提供丰富的戏剧表演，以与剧情和人物性格相契合的舞台艺术设计，以及与演员表演的协调配合达到和谐统一的效果，使观众对"和合"文化的认识与感悟得到加深。这种舞台艺术与表演的协调一致，既提高了戏剧的可看性，又使"和合"文化在广大观众中得到了更多的认同与认识。

二、中国曲艺中的"和合"文化

中国曲艺作为一种独特的表演艺术形式，同样蕴含着丰富的"和合"文化。从相声、评书到快板、大鼓等，各种曲艺形式都以其独特的艺术魅力吸引着观众。

（一）相声中的和谐与合作

相声以说、学、逗、唱为主要手段，以两人或多人合作演出的方式呈现，是一种风趣幽默、寓教于乐的表演艺术。在相声中，捧哏与逗哏之间需要紧密的配合和默契的协作，才能营造出轻松愉快的氛围并逗乐观众。这种和谐与合作的精神正是"和合"文化的生动体现。

（二）评书中的团队协作

评书是单人表演的一种艺术形式，但同样需要团队合作才能在其创作与表演的过程中完成。为了保证故事的准确完整，评书艺术家在创作时需要与编剧、史学家等专家进行深入的沟通与合作。而评书艺人在演出时，也需要和乐队、舞台工作人员等人密切合作，才能将精彩的表演呈现在观众面前。"和合"文化中也包含着这种团队合作的精神。

（三）快板与大鼓中的节奏和谐

快板和大鼓都是以节奏为主要表现手法的曲艺形式。在快板表演中，演员手持竹板或铜板，敲击出清脆悦耳的节奏声。这些韵律声线既增添了表演的动感与律动，又体现了演员追求韵律的精准与和谐统一的精神境界。此韵律和谐之气，亦显文化之"和"味，"和"字当头。

三、戏剧与曲艺在小学艺术教育中的意义与价值

在小学阶段的艺术教育中引入戏剧和曲艺的教学，既可以培养学生的审美情趣和艺术修养，又能使他们对中华民族的优秀传统文化有更深刻的认识和领悟。学生通过学习戏剧与曲艺中的"和合"文化，对和谐与协作的重要性有切身的体会和认识，并能学会在日常生活中与人和睦相处，团结协作，从而有利于培养学生的团队协作意识与和谐共处的社会责任感，并为他们今后的个人成长与人生发展打下扎实的基础。用"和合"文化来引导学生学会和谐与协

作，既与中华民族"有容乃大""和而不同"的文化传统相契合，又能使学生养成良好的道德修养和得到人生感悟。

通过学习这个模块，学生们深入领略中华民族戏剧与曲艺的精髓，感受其中所蕴含的和谐与合作的精神，对戏剧和曲艺中的"和合"文化的理解更全面，也更深刻。

模块六　民族手工艺的历史与技艺

在中华民族五千多年的文明史中，民族手工技艺以其独特的艺术魅力和实用价值，成为传统文化不可忽视的重要组成部分。从精美的瓷器到华丽的刺绣，从古朴的木雕到巧夺天工的玉雕，这些手工艺品不仅展现了中华民族高超的手工技艺，更传承了深厚的民族文化内涵。本模块带领学生们走进民族手工艺的世界，探寻其历史渊源，领略其精湛技艺，感受其独特的艺术魅力。

一、民族手工艺的历史渊源

（一）远古时期的手工艺

上古时期，人类在满足人们生活需求的同时，也开始制作展示人类智慧结晶的石器、陶器等各种手工艺品。随着社会的不断发展，手工艺品逐渐从实用转变为审美，成为人们表达美好生活的一种方式。现在，手工艺品已经成为人们生活中的不可或缺的一部分。

（二）传统手工艺的发展

中国的各个朝代都有其独特的手工艺品种和技艺，如汉代的漆器、唐代的瓷器、宋代的刺绣等。这些手工艺品不仅代表了当时最高的工艺水平，也反映了当时社会的审美观念和价值取向。

（三）民族手工艺的传承与创新

随着社会的飞速发展，国家的民族手工艺在继承和革新两个方面都面临着一定的挑战。一方面，传统的手工技艺要得到很好的保护和传承；另外一方面，为了迎合现代社会对手工技艺在审美和生活方式上的需求和追求，对于传统手工技艺的革新也是不可缺少的。所以国家手工艺的发展如何在传承和革新中求得平衡就成了很重要的课题。

二、民族手工艺的精湛技艺

（一）陶瓷技艺

作为中国传统手工艺的代表，陶瓷从选料、制坯、绘画到烧制，每一个环节都需要精湛的技艺和丰富的经验。独具艺术魅力的陶瓷制品，在具有实用价值的同时，也为世人所称道。

（二）刺绣技艺

刺绣是一种手工技艺，人们在织物上以针为工具，绣出千姿百态的图案。中国刺绣历史悠久，技艺精湛，品种繁多。无论是华丽的苏绣、细腻的湘绣，还是粗犷的蜀绣、朴实的鲁绣，都以其独特的风格吸引了无数人的目光。

（三）木雕技艺

木雕以木材为原料，经雕刻、打磨而成，是一种形态各异的艺术品。中国木雕有着悠久的历史、精湛的技艺、栩栩如生的作品，具有很高的艺术价值。木雕产品以其独特的魅力，成为人们喜爱的艺术品，从古朴的家具到精美的摆件应有尽有。

（四）其他手工艺技艺

除了陶瓷、刺绣和木雕外，中国还有许多令人叫绝的手工艺技艺，如剪纸、编织、漆艺等。这些手工技艺各具特色，它们以其独特的艺术魅力博得众人的喜爱。

三、民族手工艺的文化内涵

民族手工艺在向人们展现中华民族精湛的手工技艺的同时，也把民族文化的深厚内涵传承下去。每一件手工艺品都蕴藏着丰富的历史文化信息，它把人们对美好生活的追求和对自然、社会、人生的感悟体现出来。通过学习民族手工艺的历史和技艺，使学生对民族文化的认同感和自豪感得到增强，从而对中华民族的文化传统和审美观念有了更深刻的认识。从这一点来说，民族手工艺不仅是一门艺术，更是一种对民族传统文化的诠释。

四、民族手工艺作为"和合"文化载体的价值分析

（一）和谐之美的体现

民族手工艺追求人与自然的和谐、人与社会的和谐、人与人的和谐、自身的和谐、民族手工艺与民族手工艺的和谐。手工艺人在制作手工艺品的过程中，需要选择适合自己的材质和工艺，这符合自然规律；创作符合时代审美和实用价值的作品时，需要关注社会的需求。这种对和谐的追求不仅体现在手工艺品的制作过程中，更体现在其造型、色彩和图案等艺术表现上。

（二）"合作"精神的彰显

制作民族手工艺品往往要求多人协作才能完成，从设计到选

材再到制作和打磨，每一个环节都离不开团队成员间的紧密配合与默契协作。"和合"文化所推崇的其中一种价值观是这种精神的体现：它无形中培养了人们的团队意识与集体主义精神，提高了办事效率与生产质量，是"和合"文化的重要组成部分。

（三）文化传承的载体

民族手工艺是传统文化的一种表现形式，它承载着丰富的历史文化内涵和民族精神，是民族文化的重要内容之一。对民族手工艺技艺的学习和传承，使大家对中华民族的文化传统和审美观念有了更深刻的认识；同时，也向下一代传递这一传统文化中的精华，达到传承和延续文化的目的，从而对"和合"文化有进一步的认识，并将其传承下去并加以推广。

本模块内容的学习使学生对民族手工艺有了更深刻的认识，对民族手工艺的历史渊源和精湛技艺有了进一步的了解，不仅使学生增强了对本民族文化的认同感和自豪感，而且使他们对民族手工艺作为"和合"文化载体所具有的独特艺术魅力和价值有了进一步的认识和感悟。

模块七　跨文化艺术交流与比较

不同文化之间的交流融合，已经成为全球化背景下不可逆转的潮流。艺术作为人类文化的重要表现形式，更是跨越了国界、语言与种族，成为不同文化交流的重要媒介。

一、跨文化艺术交流的重要性

跨文化的艺术交流，不仅有助于展示文化的多样性，增进彼此间的了解与尊重，而且可以激发创新的灵感，促进艺术的创新与发展，这是跨文化艺术交流的意义所在。首先，学生在不同文化背景下，通过跨文化、跨艺术的交流，领略艺术风采，开阔眼界，增进对多元文化的理解和认识。其次，学生在欣赏、学习不同文化艺术作品的过程中，以开放、包容的心态，学会面对文化差异，从而逐步培养对不同文化的认识与尊重。最后，不同文化之间的碰撞融合，往往能激发出新的艺术创意和灵感，为艺术的创新发展提供源源不断的动力，这就是不同文化的碰撞融合。

二、不同文化之间的艺术交流

（一）中西艺术交流

中国的水墨画和西方的油画是截然不同的两种绘画艺术。水墨画讲究的是生动的意境和气韵，油画讲究的是变化的色彩和光影。近代以来，中国与西方的艺术交流不断深入，不少中国画家在水墨画中开始尝试融入油画技法，并由此开创了新的艺术风貌。部分西方画家也从中国水墨画中汲取灵感，并将其运用到创作中。这种跨文化的艺术交流促进了中西文化的相互了解和融合，同时也丰富了双方的艺术表现形式。

（二）民族艺术间的交流

我国是一个多民族聚居的国家，各民族艺术传统各具特色。藏族的唐卡、维吾尔族的木卡姆、苗族的刺绣，等等，这些都是很有特色的民族艺术。将不同民族的艺术形态进行比较，可以发现彼此之间的异同之处，也可以发现彼此之间的撞击火花。这种民族艺术之间的交流，既为各民族文化的传承与发展注入了新的活力，又有助于保持文化的多样性。

（三）当代艺术中的跨文化元素

现当代艺术作品中，跨文化的成分正日益融合在一起。如我国部分艺术家将西方现代艺术的理念和手法融入自己的创作中去，使所创作的艺术作品独具韵味。西方部分艺术家也重视东方文化的美学价值，并将其运用到自己的创作中去。这种跨文化的艺术创作的融合，不仅给现当代艺术带来新的面貌和内涵，而且有力地促进了不同文化之间的交流与对话。同时，也为不同文化之间的相互了解提供了一条重要的渠道。

三、艺术交流如何促进"和合"

（一）建立文化认同与尊重

学生通过跨文化艺术交流，对不同文化的来龙去脉有了更深刻的认识；在欣赏和学习不同文化的艺术作品的过程中，逐步建立了对多元文化的认同与尊重；以平等开放的心态面对文化差异，这是构建和谐社会的重要基石之一。因此，跨文化艺术交流是学生形成文化认同与尊重的有效途径。

（二）培养协作精神与团队意识

学生必须学会合作交流，以跨文化交流的艺术沟通为基础，与人分享，达到相互协作的目的。不管是创作一幅画作也好，编排一段舞蹈也好，组织一场音乐表演也罢，合作精神与团队意识都是"和合"文化所提倡的核心价值之一。"和合"文化强调的是"和而不同""同中有异，异中求同"，所以学生在艺术交流的实战中培养合作精神与团队意识，为将来的社会生活和职业发展打下坚实的基础，是"和合"文化建设的重要内容之一。通过艺术交流的锻炼，使学生在跨文化的艺术交流中体验不同的艺术表现形式，开拓视野，丰富人生阅历。

（三）促进文化创新与发展

学生在艺术课上接触到了不同文化的艺术表现形式和表现手法，这是跨文化沟通的一个重要环节，是拓宽学生的创作思路和艺术视野的有效途径之一，也反映了文化的多元性和包容性。文化的创新不仅仅体现在艺术领域本身，而且可以影响到社会生活的各个方面，而通过艺术交流来促进文化的创新与发展，是实现"和合"的重要途径之一，能够促进不同文化之间的相互理解和交流。

（四）构建和谐社会与促进世界和平

艺术作为一种无国界的语言，具有跨越种族、信仰、地域界限的能力，能够增进对各种文化的认识与尊重，消除因偏见而产生的隔阂与误解，为建设和谐社会、促进世界和平贡献力量。同时，艺术交流还能作为不同国家和地区间友好往来的桥梁和纽带，为国际关系的和谐发展起到促进作用。

本模块的学习使学生在培养跨文化沟通能力与合作精神的同时，能够对不同文化的艺术特点及其价值理念有更深刻的认识，并希望为促进"和合"文化的发展而进行跨文化的艺术交流，为建设和谐多元社会贡献力量。学生在"和合"文化的熏陶下，在跨文化的交流与合作中，能更好地弘扬"和合"精神，提升自身文化修养。

模块八　艺术批评与社会责任

在"和合"民族文化教育的视角下，小学艺术教育不仅要培养学生的艺术技能和审美能力，更要注重培养学生的社会责任感和"和合"精神。艺术批评作为一种对艺术作品进行深入分析和评价的活动，不仅可以提升学生的艺术素养，还可以成为弘扬"和合"精神和社会责任的重要载体。

一、艺术批评的概念与作用

艺术批评就是有关于艺术的各种不同观点的深入剖析与评定的活动。它既针对作品本身的艺术特点展开讨论与剖析，又涉及作品所反映的社会背景、文化价值等方面的阐述与解读。在艺术批评的学习中不仅可以提高学生对艺术作品的认识与鉴赏水平，而且能培养学生的思辨性、思考力、创新能力等。因此，艺术批评是培养学生能够更全面地认识和解读艺术作品的有效途径。

用"和合"民族文化教育的视角，对民族艺术作品进行艺术批评，既有特殊的教育作用，又使学生对民族艺术作品的内涵和精神有深刻的认识和认同感及对民族文化的自豪感。"和合"精神与社会责任在艺术批评的剖析与评定中有所体现。对艺术作品所蕴含的社会价值与道德意义能有所领悟，培养了公民意识。

二、艺术批评与"和合"精神

"和合"精神是中华民族传统文化中强调人与人和谐相处、合作共赢的重要精髓。在艺术批评中，我们可以通过以下几个方面来弘扬"和合"精神。

（一）尊重多元

艺术作品千姿百态，千差万别，文化背景不同，审美观念不同，价值取向不同，在不同的艺术作品中体现出来的差异也是很大的。在进行艺术批评时，我们应该尊重艺术的多元性，包容不同的艺术风格和观念，避免对艺术作品进行简单的二元对立或价值判断。这种尊重多元的态度正是"和合"精神所倡导的和谐共处、相互包容的体现。

（二）倡导对话与合作

艺术批评不能仅仅停留在独白或单向的解读上，而应该是对话与合作的过程。在进行艺术批评时，要提倡不同观点之间的对话与交流。通过共同探讨与协商的方式达到更深入地认识艺术作品的目的。通过对话与合作的方式既能锻炼学生的交流能力和合作精神，又能把"和合"所提倡的合作共赢精神体现出来，因此对于艺术批评来说也具有十分重要的意义。同时，学生的交流能力和合作精神的培养也是提高一个社会整体文化素质的重要途径。

（三）关注社会现实与人文关怀

艺术作品往往是反映社会现实、反映人文关怀的题材。在进行艺术批评时，通过深入分析、探讨这些问题，引导学生关注社会、关爱他人，注意作品所反映的社会问题和人文关怀精神。这种关注社会现实、关注人文关怀的态度，正是以人为本、和谐共生的"和合"精神的彰显。

三、艺术批评与社会责任

每个人作为社会的一分子，都应该承担起自己应尽的社会责任。在艺术批评中，可从以下几个方面对学生进行社会责任感的培养。

（一）引导正向价值观

艺术作品中往往蕴含着丰富的价值理念与道德意义，所以作为艺术批评者，在引导学生形成正确的价值观的同时，要着重于弘扬真善美的精神，抵制假恶丑的现象，通过正面价值观的引导，帮助学生树立正确的道德观念和社会责任意识，从而在学习艺术的同时，获得更深刻的人生感悟。

（二）关注社会公益与环保

艺术可以作为宣传社会公益和环保理念的一个重要载体，在艺术批评的时候，要着重关注作品所反映的公益主题和环保理念，以引导学生关注社会问题，积极投身到社会公益事业和环保活动中去，使他们认识到作为社会中的一分子所应尽的义务。通过对社会公益事业和环境保护事业的关注，使学生从思想上认识到应该为社会尽到的义务。同时也培养学生的动手能力和社会意识，使他们成为具有社会责任感的一分子。

（三）培养批判性思维与创新精神

对艺术作品进行深入的分析和评价，运用批判性思维和创新精神，是艺术批评的应有之义。在开展艺术批评时，为了培养学生的批判性思维和创新精神，要鼓励学生敢于质疑和勇于创新。具有批判性思维和创新精神，不仅能使学生更好地适应未来社会的发展需求，而且也是学生作为社会成员承担社会责任的一种重要能力，因此，艺术批评对学生具有十分重要的作用。同时，培养学生的批判性思维和创新精神，也是培养学生适应社会发展的需要，是学校对学生进行素质教育的重要内容。

学习本模块能使学生对艺术作品有更深的认识，从而促进艺术鉴赏能力的提高，同时这也是弘扬"和合"精神和履行社会责任的重要途径之一。

模块九　艺术教育心理学

在"和合"民族文化教育的视角下，小学艺术教育不仅要传授艺术知识和技能，更要关注学生的心理健康和品格的培养。艺术教育心理学作为研究艺术教育与心理发展之间关系的学科，为我们提供了深入理解和实践这一教育目标的理论和方法。

一、艺术教育心理学的基础理论

艺术教育心理学（Artist Education Psychology）是研究艺术教育活动中的心理现象及其规律的心理学与艺术教育相结合的产物。在艺术教育中，学生的心理发展是一个动态的过程，受到认知、情感、意志等多方面因素的影响。艺术教育心理学通过对学生心理发展的研究，对艺术教育进行科学的理论基础与实践指导。

在"和合"民族文化教育的背景下，艺术教育心理学更加注重学生心理健康和品格培养的研究。精神卫生是指个体能够保持良好的精神状态、生理状态和社会适应能力。性格养成，是指个人良好的品德和行为习惯，是通过教育和实践而形成的。艺术教育心理学对学生心理健康、品格培养等方面的研究起到了促进他们全面发展的重要作用。

二、促进学生心理健康的艺术教育

（一）缓解压力与焦虑

艺术教育活动给学生提供了一个平台，让学生有机会尽情地抒发自己的情感和释放自己的压力，通过多种艺术形式如绘画、音乐、舞蹈，在学习和生活中进行创作和表演，使内心感受得到抒发和排解，从而对心理健康有极大的好处，同时对心理适应能力的提高也会起到很好的促进作用，因此，艺术教育活动对学生的成长和发展具有十分重要的意义。

（二）提升自信心与自尊心

艺术教育着重于表现每个学生的个性特点，鼓励学生的创造性发挥。每个学生都有机会在艺术教育上各展所长，从中得到他人的肯定与欣赏，进而增强学生的自信心与自尊心。

（三）培养审美情趣与创造力

通过引导学生欣赏、创作艺术作品，培养学生的审美情趣和创造力。审美情趣的增强，会让学生对生活更加热爱、对美更加珍惜。创意的培养有助于学生形成创新的思维和解决问题的能力。这些能力的增强，对学生将来适应社会发展的需要有很大的帮助，对学生今后的成长起到很大的促进作用。

三、艺术教育对学生"和合"品格的促进作用

（一）培养包容与协作精神

艺术教育活动往往需要学生与他人合作完成。学生在合作过程

中需要学会倾听他人的意见，在行动上要尊重他人的选择，相互协调。这样的合作过程有助于学生形成具有包容合作精神的人际交往"和谐"模式。

（二）增强民族认同感与文化自信

通过学习及鉴赏民族艺术品，使学生对本国民族文化有更深刻的认识与感悟。学生的民族认同感与对国家文化的骄傲会促进他们的文化自信与民族自豪感的提高。学生通过学习其他民族的艺术了解其文化的多元性和相通性，进而形成对其他民族文化的包容与融会贯通的理解与见解。

（三）提升道德意识与社会责任感

学生通过学习欣赏富有道德观念和社会价值的艺术教育作品，其道德意识和社会责任感上将会得到提升，从而更加关注社会现实，关爱他人，积极投身社会公益活动。这是随着艺术作品的感染而形成的一种道德自觉和社会责任意识的强化，从而有利于形成良好的社会风气和人情关系。

四、艺术教育对学生"和合"品格的培养

（一）注重学生的情感体验

小学艺术教育中，教师应重视学生的情感体验，创设良好的教学情境和氛围，引导学生积极参加艺术活动，在创作和表演中体会成功与快乐。教师应对学生的情绪变化给予及时关心与支持，使他们知难而进，百折不挠，攻克难关，迎接挑战。通过艺术活动，使学生在情感体验中开拓视野、增长见识。

（二）尊重学生的个性差异

每一位学生都有自己与众不同的性格，都有自己的天分。教师在小学艺术教育中应尊重学生的个性差异，因材施教，给每一位学生提供适合自己的艺术学习内容和学习方法。这样的个性化教育，对于激发学生的学习兴趣和全面发展的学习动力，都是大有裨益的。

1. 整合民族文化资源

教师在小学艺术教育中，应有效地利用民族文化资源，积极将民族艺术融入课堂教学中去，引导学生学习和欣赏民族艺术作品，使他们对民族文化的内涵和精神有更深刻的认识，从而增强对民族文化的认同感和自豪感。另外，通过对不同民族艺术的学习与比较，也对学生有多元文化意识和国际视野的培养起到了推波助澜的作用。

2. 开展合作式学习

小学艺术教育中，教师要积极进行合作式学习，组织引导学生进行分组讨论、集体创作等活动，以培养学生的团队合作精神和沟通交流能力作为根本目的，这对学生的解题能力和创新能力有促进作用。学生在合作的过程中将学会尊重他人、相互体谅、包容别人，形成"和合"的交际模式。

本模块旨在推动学生形成"和合"品格、促进他们的心理健康。"和合"品格的形成将使学生在学习中减轻压力和焦虑感，促进自信心和自尊心的培养，提高审美情趣与创造力，并在学习中得到更多的快乐；培养学生的包容与协作精神，增强民族认同感和文化自信。"和合"品格对于提升学生的道德意识与社会责任感具有十分现实的意义，对于他们的成长具有不可低估的促进作用。

模块十 "和合"艺术教育的未来展望

在"和合"民族文化教育的视角下，小学艺术教育已经不仅仅局限于传统的艺术技能和审美能力的培养。它更多地被赋予了传承民族文化、弘扬"和合"精神、促进学生全面发展的重任。面对未来社会的多元化、信息化发展趋势，如何推进"和合"艺术教育，培养具有国际视野和民族文化自信的新一代青少年，成为我们不得不深思的问题。

一、"和合"艺术教育的价值与意义

"和合"艺术教育，就是本着以"和合"文化为核心理念，以"和谐""包容""创新"为基本诉求，着重于艺术技能与审美能力培养的同时，对学生的人文素养和民族认同也给予充分的关注的教育。"和合"艺术教育以促进学生全面发展为宗旨，不仅使他们加深了对民族文化内涵的认识与认同，而且能够增强民族自信心和自豪感；通过"和合"艺术教育的开展，促使学生形成积极向上的人生态度和价值观念。总之，"和合"艺术教育在培养学生艺术修养的同时，也对学生进行了思想教育。

未来社会，"和合"艺术教育所发挥的作用将越来越大。"和合"艺术教育通过提高学生的民族文化自信拓宽国际视野，培养了能在全球化浪潮中立足的人才。"和合"艺术教育帮助学生建立多元融合的文化理念，加深对本民族文化的认识和认同，具有十分重要的作用。学生将通过学习和实践"和合"艺术教育，更多地包容和理解其他民族文化的同时，也形成了多元融合的文化理念，对本民族的文化传统有更深刻的认识和认同。

二、艺术教育未来的"接轨"趋势

（一）跨学科融合

对于未来的"和合"艺术教育而言，将更加重视与其他学科的融会贯通。"和合"艺术可以与语文学科中的文学理论相结合；与道德与法治学科中的法制理论相结合；与历史学科中的通史理论相结合；与政治学科中的政治思想理论相结合，通过艺术的形式来展现民族文化的历史渊源和内涵；还可以与理科学科中的科学技术理论相结合，探索艺术在科技创新中的应用与价值。"和合"艺术教育与其他学科的结合是一种教育创新，它既丰富了艺术教育的内容与形式，又提高了学生的综合素养和创新能力，因此，"和合"艺术教育的跨学科融合，随着社会发展应运而生的是必然的。

（二）数字化与信息化技术的应用

数字化和信息化技术的飞速发展，将使"和合"艺术教育更加注重这些技术的应用。"和合"艺术教育将针对这些技术的运用，创造出比较真实生动的艺术情境；通过大数据分析学生的学习情况和需求，为个性化教育提供支持；运用人工智能等技术，提高艺术教育的效果和效率，同时提供给学生更加多样化和个性化的学习体验。这些技术的运用，既能使艺术教育更加有效，又能使学习体验更加多样化，使学生得到更有针对性的训练。

（三）国际化交流与合作

未来，在开展国际交流合作的时候，将把"和合"的艺术教育作为重点来抓。通过组织国际艺术交流活动，建立国际艺术教育合作项目等途径，促进不同国家、不同民族间的文化交流与相互认识，既有利于学生开拓国际视野、增强跨文化交流能力，又有利于推动本民族文化在国际间的交流与相互认识，从而促进国家文化的发展。通过开展此项工作，不仅使学生得到更全面、更系统的艺术教育，而且将推动国家文化的发展。

（四）社区与家庭的参与

未来的"和合"式艺术教育，将把重点放在社区与家庭教育的参与上，通过各种形式组织社区艺术活动邀请家长参加学校教育的艺术教育等途径，使学生的艺术教育延伸到日常生活中的社会环境中去。社区与家庭教育的参与，既能使学生增强社会责任感和公民意识，又能促使学校与家庭社会协同育人机制的形成，对学生的成长具有不可低估的促进作用，因此具有十分重要的意义。同时，这也为学生的全面发展提供了广阔的天地。

三、"和合"艺术教育面临的挑战与对策

虽然在"和合"艺术教育的发展过程中，有广阔的前景和无限的潜能，但是还面临着一定的挑战和问题：如何把传统与现代结合起来，民族与国外相互衔接起来；如何保证艺术教育教学质量和效

果；如何培养出一支高素质的艺术教师队伍等，这些问题有待于继续深入的探讨和实践加以解决，从而为"和合"艺术教育的发展添砖加瓦，同时也希望有关各方以更加积极的姿态来应对这些挑战和问题。

可采取以下对策，应对上述挑战与问题：一是加大顶层设计和政策扶持力度，对艺术教育"和合"的目标要求等进行明确；二是加大艺术教师队伍建设和培训力度，使艺术教师的业务水平和育人能力得到提高；三是强化理论学习与艺术教育的实践探索相结合，不断总结经验教训；四是加强与社会各界的合作与交流，共同促进艺术教育"和合"方面的发展与进步，以解决当前面临的问题和挑战。通过上述举措，实现艺术教育的良性发展，为学生全面素质的提高和社会发展做出积极贡献。

通过这一模块的学习，学生在面对未来社会多元化、信息化的发展趋势时，能够以开放的心态、创新的思维，在传承民族文化的同时，弘扬"和合"精神。

实践教学

模块一　民族绘画创作实践

　　民族绘画在中华民族悠久的历史长河中，以其独特的艺术形式、丰富的文化内涵，成为传承民族文化、弘扬民族精神的重要载体。小学艺术教育作为基础教育的重要组成部分，承担着培养学生审美情趣的重任，承担着培养学生的艺术修养和文化领悟能力的重任。

一、教学目标

　　审美感知：欣赏分析民族绘画作品，使学生在感受民族绘画特有的线条美、色彩美和构图美的同时，增强学生的审美感知能力，体验具有民族风情的艺术。

　　艺术表现：培养学生基本的民族绘画技巧，使学生能够运用所学技巧进行简单的民族风格绘画创作，通过绘画表现自己的情感和思想，提高学生的艺术修养和审美能力。

　　创意实践：用民族绘画与"和谐"主题相结合的方式，激发学生的创意思维，促使学生创造出新颖别致的绘画作品，从而提高学生的艺术鉴赏能力和创作技巧。

文化理解：培养学生对民族绘画的创作实践，使学生加深对民族文化的理解和认同，增强学生的文化自信和传承意识。

二、教学内容与方法

（一）欣赏与分析民族绘画作品

教师能选取有代表性的民族绘画作品，如国画的国粹之美、藏族唐卡的民族风情、苗族蜡染的传统技艺等，进行鉴赏分析，给学生带来民族绘画艺术的独特魅力，使学生在审美感知能力上有所提高。教师结合作品的风格特点、表现技法、文化内涵等方面的知识进行讲解，激发学生的学习兴趣。教师鼓励学生各抒己见，言之有物地发表自己的看法，培养学生的思辨能力。通过欣赏与分析民族绘画作品，让学生在学习中感受民族绘画艺术的独特魅力，加深对其的认识。

（二）学习与掌握基本绘画技法

教师向学生介绍民族绘画的基本技法，如线条的运用、色彩的搭配、构图的布局等。让学生通过演示、讲解的方式掌握绘画的基本技巧与方法。在此基础上，引导学生尝试运用所学技法进行简单的绘画练习，巩固所学内容。

（三）创意构思与主题表现

教师能带领学生对"和合"主题与民族绘画相结合的创意构思进行讨论与分享，以激发学生的创造性思维和想象力。教师应鼓励学生在绘画作品中进行大胆尝试与创新，将情感融于画面之中，同时对他们的画面构图和用色给予必要的指导和协助，以使能力得到提高。对教师与学生来说，这是一种有益的合作与互动。

（四）创作实践与作品展示

学生根据自己的创意构思进行民族绘画创作实践。在创建中，对学生提出的疑问和存在的困难，教师进行巡回指导，并及时给予解答。完成后，学生将自己的绘画作品进行展示和交流。通过互相评价和学习，增进彼此的了解。

三、教学评价与反馈

（一）作品评价

评价学生的绘画作品，主要考查学生的审美感悟、艺术表现力、创作实践及对文化的认识等方面的表现。可采取自评、互评、任课教师评相结合的办法，保证客观公正地进行考评。

（二）过程性考核

重点考查学生在创作过程中的表现，如学习态度、合作精神、创新能力等。对学生的学习情况、进步程度等，通过观察、记录等方式进行了解，并在后续的教学中提供参考。

（三）反馈与指导

根据学生的测评结果及成绩，及时反馈与辅导。肯定学生的优点和进步之处，指出存在的不足和需要改进的地方，并给出具体的建议和指导。同时，鼓励学生继续努力，发挥自己的潜力。

四、教学意义与价值

本模块的实践教学既培养了学生的审美感悟、艺术表现能力、创意实践能力和对"和合"精神的理解和感悟，又通过引导学生创作以"和合"为主题的民族风格绘画作品。这样的教学方式对学生的艺术素养、文化自信等方面的提高都是有帮助的，对学生的整体发展也是有促进作用的。同时，学生的创新精神和动手能力也可以通过实践教学的方式得到锻炼，为今后的发展奠定坚实的基础。

模块二　民族乐器演奏体验

在中华民族丰富多彩的文化艺术宝库中，民族乐器以其独特的音色、演奏技巧和深厚的文化底蕴，成为传承和弘扬民族文化的重要载体。小学艺术教育是基础教育阶段的一项重要内容，承担着培养学生审美情趣、艺术修养和文化理解能力的使命。

一、教学目标

审美感知：认识民族乐器、欣赏其演奏，使学生进一步认识和感受民族乐器的音色美、节奏美、旋律美，从而在音乐审美感知能力上得到提高。

艺术表现：主要培养学生基本的表演技巧和表现方法，使他们能够运用所学技巧进行简单的民族乐器演奏，达到表现音乐情感和意境的目的。

创意实践：运用音乐理论激发学生的音乐创意思维能力，促使他们在与民族乐器相关的音乐创作中展现个人的创意和风格。如对民族乐器演奏的音乐进行创意改编或创作。

文化理解：学生通过民族乐器演奏体验，对民族乐器背后所蕴含的文化内涵、历史价值有更深入的认识和认同，从而增强他们的民族文化自信心。通过演奏民族乐器，学生们还可以加深对自己民族传统文化的了解和传承。

二、教学内容与方法

（一）欣赏与分析民族乐器音乐作品

教师精选了琵琶曲《高山流水》、二胡曲《二泉映月》等具有代表性的民族乐器音乐作品，让学生在欣赏之余，又能融会贯通。帮助学生感受民族乐器的音乐魅力，增强审美感知能力，通过讲解作品的风格特点、演奏技巧、情感表达等。同时鼓励学生发表自己的真知灼见和感悟，培养学生对音乐的欣赏能力，培养学生的思辨能力。

（二）学习与掌握基本演奏技巧

教师向学生介绍各种常见民族乐器，如琵琶、二胡、笛子等，并教给学生基本演奏技巧及表现方法，通过示范和讲解，使学生对正确的演奏姿势、音准控制、节奏把握等基本技能有一定的认识和掌握，在此基础上，引导学生进行简单的弹奏练习，使学过的内容得到进一步的巩固和提高。

（三）创意构思与音乐创作

教师能激发学生对民族器乐产生音乐创意思维，鼓励他们尝试改编或创作与民族乐器有关的音乐作品，并通过讨论与分享的方式使学生得到创意灵感与丰富的想象力。教师也给学生以必要的指导与帮助，促使学生在作品结构与表现形式上有所提高。针对学生在创作过程中所出现的问题，教师也给予及时的辅导与点拨，既注重学生音乐创意思维的培养，又着眼于学生音乐表现能力的提高，使学生在音乐上得到全面发展。这也是对学生今后音乐的学习有正面和长远影响的一种教学方式。

（四）演奏实践与作品展示

学生按照个人的创造性构思进行民族乐器的演奏练习，在练习过程中，教师进行巡回辅导，及时为学生在演奏过程中遇到的问题提供帮助和解答，并对学生提出的疑问给予及时的反馈和指导。在练习结束后，学生进行作品展示和沟通，相互评价和学习，以增进彼此的了解，共同进步。

此外，教师还可组织学生参加各种形式的音乐活动，如音乐会、演奏会、比赛等，使学生在舞台上有机会展示自己的演奏成果，增强自信心的同时，还能丰富自己的音乐阅历。

三、教学评价与反馈

（一）作品评价

评价学生的音乐作品，主要考查学生的审美感悟、艺术表现力、创作实践、文化悟性等。可采取自评、互评、任课教师评相结合的办法，保证客观公正地进行考评。同时鼓励学生反思、总结自己的作品，为自己今后的提高明确方向。

（二）过程评价

注重学习态度、合作精神、创新能力等学生在演奏实践过程中的表现。通过观察、记录等方式了解学生的学习情况、进步程度等，并提供参考和借鉴，以备以后的教学之用。同时，教师应注重学生的个性差异，有针对性地对每位学生进行辅导和帮助。

（三）反馈与指导

根据测评结果和受训人员的表现及时反馈并进行辅导。肯定学生的优点和进步，指出不足之处和需要改进之处，并给予具体的建议和指导，同时鼓励学生在音乐学习之旅中不断努力，发挥潜能。

四、教学意义与价值

本模块实践教学在培养学生审美感知、艺术表现、创意实践和文化理解能力的同时，通过对民族乐器的演奏体验，加深对民族乐器和民族文化的理解和认同，引导学生深入感受音乐的和谐之美。这样的教学方式对于提高学生的音乐素养、文化自信都是大有裨益的，对于促进学生全面发展也是大有裨益的。同时通过实践教学的方式，锻炼学生的创新精神和动手能力，为将来的发展打下扎实的基础。

模块三　民族舞蹈学习与表演

　　民族舞蹈以其独特的舞姿、韵律和情感表达，成为中华民族文化的重要组成部分，已成为传承民族文化、弘扬民族精神的重要艺术形式。把民族舞蹈的学习和表演融入小学艺术教育，不仅可以增强学生对民族文化的审美感悟和艺术表现力，而且可以使他们更加认同民族文化。

一、教学目标

　　审美感知：通过学习民族舞蹈，使学生对优美的舞姿、丰富的韵律和独特的情感表达有深入的认识和体会，从而在审美上得到更多的感悟和提高。

　　艺术表现：让学生学会基本的舞蹈技巧和表现方法，从而运用所学技巧进行民族舞蹈的表演，达到展现自己的艺术才华的目的，是本课程的一个重要内容。

　　创意实践：在民族舞蹈的学习和表演过程中鼓励学生发挥创意，尝试改编或创作与"和合"文化有关的舞蹈作品，在展现个人的创意和风格的同时，促进"和合"文化的传承与发展。

文化理解：学习与表演民族舞蹈，使学生在认识和认同民族文化内涵与历史价值的同时，增强其民族文化自信心和传承意识。通过这样的学习与表演，使学生对民族文化有更深的认识和体会。

二、教学内容与方法

（一）欣赏与分析民族舞蹈作品

教师可以精选傣族孔雀舞、蒙古族马刀舞等具有代表性的民族舞蹈作品让学生感受民族舞蹈的艺术魅力，提高审美感知能力。通过讲解作品的风格特点、舞蹈技巧、情感表达等，鼓励学生发表见解、抒发心声，培养思辨能力。

（二）学习与掌握基本舞蹈技巧

教师向学生介绍民族舞蹈的基本舞姿、步伐和韵律特点，并教授其基本的舞蹈技巧和表现方法。让学生通过示范、讲解，掌握基本技能，如正确的体态、动作路线、节奏的把握等。在此基础上，引导学生尝试进行简单的舞蹈练习，巩固所学内容。

（三）创意构思与舞蹈创作

教师能指导学生思考如何将"和合"文化与民族舞蹈相结合进行创意构思，激发学生的创意灵感与想象力，并通过讨论与分享的方式鼓励学生将自己的认识与感悟融入舞蹈作品中去大胆尝试，勇于创新，同时给予学生必要的指导与帮助，使他们在舞蹈构思与动作设计方面日臻完美，融会贯通"和合"文化与民族舞蹈。

（四）表演实践与作品展示

学生按照自己构思的民族舞表演进行练习实践时，教师进行巡回辅导以帮助他们纠正动作和节奏上的瑕疵。表演完成之后，学生们会把自己的舞蹈作品展示出来并加以交流互动，增进彼此的相互认识与进步。另外，教师还能把学生组织起来进行学校文艺汇演或其他表演活动，使他们有更广阔的空间去展示自己的舞蹈特长并增加表演自信。

三、教学评价与反馈

（一）作品评价

在对学生的舞蹈作品进行评价时，主要侧重于学生对舞蹈作品的审美感受、艺术表现力、创作实践和对文化的理解等方面的表现。考核可采用自评、互评和任课教师评课相结合的方式，力求客观公正，不搞形式主义。在注重过程评价的同时，注重学生在学习和表现过程中的表现，以及在学习和表现过程中所付出的努力。

（二）反馈与指导

学生估分成绩与所得分数得到及时反馈并加以指导十分关键，教师要肯定学生的优点与进步之处，指出不足及有待改进的地方，给予具体建议及指导，帮助学生更好地提高自己的舞蹈水平。另外，教师还要重视学生自我反思与总结能力的锻炼，使学生能在每次表演后对自己的表现有客观的评价和反思，并明确今后的改进方向，从而使自己的舞蹈水平得到更大的提高。通过以上努力，相信学生在舞蹈上会有收获与提高。

四、教学意义与价值

本模块的实践教学在增强学生审美感知和艺术表现能力的同时，还通过民族舞蹈的学习和表演，加深了他们对"和合"精神的理解和认识。这样的教学方式对学生的全面发展很有帮助，既可以培养文化素养，又可以培养审美能力。同时通过实践教学的方式，锻炼学生的创新精神和动手能力，为将来的发展打下扎实的基础。此外，作为一种具有广泛群众基础的艺术形式，民族舞蹈在学校教育中的推广和普及，对于弘扬民族文化，增强学生的民族自豪感、凝聚力等方面也有很大的帮助。

模块四　传统手工作坊

传统手工技艺承载着深厚的历史文化底蕴，凝聚着劳动人民的智慧和创造力，是中华民族文化宝库中的璀璨明珠。在小学艺术教育中融入传统手工艺制作，不仅能够锻炼学生的动手能力，还能培养他们的审美情趣和文化素养。本模块从"和合"民族文化教育的角度出发，通过设置传统手工艺制作作坊，为学生提供剪纸、编织等手工制作民族手工艺品的机会，旨在达到审美感知、艺术表现、创意实践、文化理解的教学目标。

一、教学目标

审美感知：亲手制作民族手工艺品，让学生在制作过程中感受到民族手工艺品特有的材质美，从而增强学生的审美感知能力。

艺术表现：教给学生基本的手工艺品制作技巧和表现方法，使他们能够运用所学技能进行手工艺品的创作，并能展现自己的艺术才华。通过传授这些技能和方法，使学生的动手能力得到锻炼和提高。

创意实践：在手工艺品的制作过程中，教师应鼓励学生尝试设计并制作具有个人风格的民族手工艺品，提高他们的创造性和自我表达能力。学生在制作手工艺品的过程中，能更好地认识自我，发掘潜能。

文化理解：传统手工艺品制作工坊的学习与实践，使学生深入了解民族手工技艺背后所蕴含的文化内涵与历史价值，增强他们对民族文化的认知和认同感，培养民族文化自信心和传承意识。通过这种方式，学生不仅可以学习传统的手工艺品制作技艺，还可以加深对民族文化的认识和认同。

二、教学内容与方法

（一）欣赏与分析民族手工艺品

教师挑选剪纸、编织品等具有代表性的民族手工艺品，让学生欣赏，并加以分析。通过讲解民族手工艺品的风格特点、制作技巧、历史文化背景等，帮助他们感受民族手工艺的艺术魅力，提高审美感知能力。同时，鼓励学生抒发心声，培养思辨能力，做到心中有数、言之有物。

（二）学习与掌握基本制作技巧

教师向学生介绍传统手工艺品的基本制作技巧和方法，如剪纸的刀法、编织的经纬法等，并教授给学生基本的操作步骤和注意事项。通过材料选择工艺流程的演示和讲解掌握基本技能，在此基础上引导学生进行简单的练习，对所学内容加以巩固，使学生对传统的手工技艺有进一步的认识。

（三）创意构思与手工艺品创作

教师能指导学生思考如何将传统手工艺与现代审美相结合，

激发学生的创意灵感与想象力；引导学生在手工艺创作中能融会贯通；给予学生必要的指导与帮助，使他们在设计和制作作品的过程中不断进步，使之日臻完美；教师能给予学生正面的反馈与鼓励。通过上述方式，使学生的创造性思维得到充分的发挥和锻炼。

（四）展示交流与作品评价

学生将自己的手工艺品进行展示和交流，教师对学生的作品从审美感知、艺术表达、创意实践、文化理解等方面进行评价，肯定学生的优点和取得的进步，指出不足和需要改进的地方，并给予具体的意见和指导。同时，也可以组织学生参与学校或社区的文化活动，让更多的人欣赏和了解他们的手工艺品。

三、教学评价与反馈

（一）过程性评价

关注学生在手工制作过程中的表现，如学习态度、合作精神、创新能力等。对学生的学习情况、进步程度等，通过观察、记录等方式进行了解，并在后续的教学中提供参考。

（二）作品评价

评价学生的手工艺品时，重点考查学生的审美感悟、艺术表现力、创作实践以及对文化的认识等方面的表现。考核可采用自评、互评和任课教师评课相结合的方式，力求客观公正，不搞形式主义。

（三）反馈与指导

及时反馈与指导对学生估分结果与分数的考核起着十分关键的作用。教师一方面要对学生的优点与取得的进步给予充分的肯定，对不足与需要改进的地方及时指出，并给出具体建议和指导，使学生的手工制作水平有所提高。另一方面，教师还要注重培养学生的自我反思与总结能力，使他们在每次实践后都能对自己的表现进行客观的评价与反思，明确今后的改进方向。可见，及时的反馈与指导对于学生的考核起着至关重要的作用。

四、教学意义与价值

本模块的实践教学使学生加深了对民族文化的理解，并对传统手工技艺有了更深的认同感。通过传统手工作坊的方式使学生增强了审美感知能力和艺术表现能力，创新精神和动手能力也能得到锻炼，为今后的发展打下了坚实的基础。另外，传统手工艺作为具有广泛群众基础的艺术形式，在学校教育中的推广与普及对弘扬民族文化、增强学生民族自豪感和凝聚力有很大帮助。

模块五　校园戏剧与曲艺表演

京剧与粤剧，作为中华民族传统戏剧艺术的瑰宝，分别代表着北方与南方的戏剧文化精华。它们吸引着无数观众，唱腔独特，表演程式新颖，文化底蕴深厚。

一、教学目标

审美感知：将京剧或粤剧的唱腔表演流程、服饰道具等方面的美学元素，通过欣赏与实际表演的方式，引导学生感受和领悟其美的内涵与表现形式，从而提高学生的审美感知能力。通过对美的认识和感受，学生在艺术修养上得到提高。

艺术表现：为了使学生具备基本京剧或粤剧表演技巧和表现方法的掌握能力，能自信大方地进行戏剧表演，从而展现自己的艺术才华，是本课程的一项重要内容。

创意实践：在戏剧表演的过程中，对京剧或粤剧进行改编创作，把"和合"文化融入其中，使学生在发挥创意的过程中得到锻炼，并能将个人的创意与风格展现出来。同时，也能增强学生对传统文化的了解。

文化理解：将京剧与粤剧的历史背景及其表演艺术文化内涵介绍给学生，帮助他们加深对中华民族传统文化和"和合"精神的认识，从而增强学生的民族文化自信心和传承意识，寓教于乐。使学生在学习中感受并体验到中国传统文化的魅力。

二、教学内容与方法

（一）欣赏与分析经典京剧、粤剧作品

教师选取具有代表性的经典京剧、粤剧作品，如京剧《穆桂英挂帅》、粤剧《帝女花》等，让学生欣赏和分析。通过讲解作品的故事情节、人物塑造、表演技巧和艺术风格，帮助学生感受京剧、粤剧的艺术魅力，提升他们的审美感知能力。同时鼓励学生表达自己的想法，培养自己的思辨能力。

（二）学习与掌握基本表演技巧

教师介绍京剧唱念做打、手眼身法步，粤剧唱念做打、十大行当等京剧和粤剧表演的基本功和方法。让学生通过示范讲解，能正确地模仿体态，运用语音，抒发情感，使之在基本功上游刃有余。在此基础上，引导学生尝试进行简单的表演练习，如学习京剧的云手、山臂等基本动作，学习粤剧的碎步、圆场等步法，并对所学内容进行巩固，使学生在表演中体会戏剧艺术之精粹。

（三）创意构思与节目创作

教师能带领学生对如何将"和合"文化与京剧或粤剧相结合进行创意构思进行讨论与分享，以激发学生的创意灵感与想象力，从而鼓励学生大胆尝试和创新，把个人的认识与情感融入以"和谐共处""团结协作"为题材的京剧和粤剧小戏或片段的创作中，把

"和合"精神在戏剧中的独特魅力展现出来。如能这样，学生的创造能力和欣赏能力都能得到提高。教师在创作过程中能对学生进行有关角色分配、台词设计、动作编排等方面的辅导与帮助，如协助学生选择适合改编或创作的剧目或片段，由专业人士或资深演员进行现场指导或点评，使学生有机会接受专业的辅导与建议，有利于提高创作水平。

（四）排练与表演实践

学生按照自己的创意构思进行京剧或粤剧节目的排练，由教师巡回指导，及时纠正学生表演上的不足，帮助他们更好地掌握表演技巧和表现方法。教师组织学生进行多次的彩排和预演，使学生对舞台表演流程和节奏有一定的熟悉度，最终完成汇报表演。学生之间互相评价学习，增进彼此的了解、共同进步。为了让更多的学生有机会展示自己的表演才华，学校可以组织校园戏剧比赛或展演活动，邀请家长及其他学校师生观看演出，以增强学生的表演影响力与自信心。同时也可以针对学生的特点，对不同的表演进行有针对性的训练和指导。

三、教学评价与反馈

（一）表演评价

在对学生进行京剧或粤剧表演评价时，重点对学生的审美感受、艺术表现力、创作实践和文化理解等方面的表现进行评价。考核可采用自评、互评和任课教师评课相结合的方式，力求客观公正，不搞形式主义。在过程考核的同时，注重对学生在排练、表演过程中的表现与付出进行考核。

（二）反馈与指导

学生估分成绩及所得分数的及时反馈与指导是十分必要的，教师要对学生的优点与进步给予肯定，指出不足与有待改进之处，并给出具体建议与指导，使学生自我反思与总结，提升自己的表演水平。另外，教师要善于激发学生自我反思与总结的能力，使他们在每一次表演之后都能对自己的表现进行客观的评价与反思，并有针对性地改进，为今后的学习与成长打下基础。

四、教学意义与价值

本模块的实践教学既增强了学生的审美感知和艺术表现能力，又加深了学生对中华民族传统文化和"和合"精神的理解和认同。通过校园戏剧和曲艺表演，即借助京剧与粤剧进行教学，以促进学生文化素养和审美能力的培养，对学生的综合发展非常有帮助。它能培养学生的创新精神和动手能力，为今后的发展奠定坚实的基础。校园戏剧与曲艺表演作为一种具有广泛参与性的艺术形式在学校教育中的推广与普及也有助于丰富校园文化生活，营造和谐校园氛围。另外，作为一种具有独特魅力的艺术形式，在培养学生艺术鉴赏能力和动手能力的同时，也可以增强学生的人文修养。本模块的学习与实践活动使学生对京剧与粤剧这两种传统戏剧艺术有了更深刻的认识与体会，从而对艺术修养与审美情趣的提高有一定的帮助。

模块六　跨文化艺术交流活动策划

艺术是人类共同的语言，在跨文化交流日益频繁的全球化背景下，培养学生的国际视野和跨文化交际能力。

一、教学目标

审美感知：组织跨文化的文化艺术交流活动，使学生有机会感受到不同文化的艺术魅力并借此提高审美感知能力。使具有更好审美感知能力的学生能欣赏和学习文化艺术的不同表现形式。

艺术表现：在跨文化艺术交流活动中，为了增强学生对艺术表现力的认识和运用能力而进行辅导与训练，使学生的艺术才华得到充分的发挥和展现。

创意实践：培养学生的创造性思维，为跨文化艺术交流活动策划，锻炼创新意识和实际能力提供支撑与促进。学生在学习中不断获得创造性的启发和启迪，其创新能力也得到培养与促进。

文化理解：通过策划和参与跨文化艺术交流活动，使学生加深对跨文化艺术的理解和尊重，培养自己的文化包容性和对多元文化的敏感意识。

二、教学内容与方法

（一）了解不同文化的艺术特色

教师引导学生通过查阅资料、观看视频等方式，了解不同国家和地区的艺术特色，如绘画、音乐、舞蹈、戏剧等。通过分享和讨论，让学生感受不同文化的艺术魅力，为后续的跨文化艺术交流活动策划打下基础。

（二）策划跨文化艺术交流活动

教师引导学生以姊妹学校、结对学校、帮扶学校等为对象，策划跨文化的艺术交流活动。活动形式可有多种，如文艺展览、演唱会、话剧演出等。在策划过程中，教师要指导学生考虑活动的主题、目标、内容、形式、时间、地点等要素，确保活动的可行性。同时，鼓励学生发挥创意，设计具有独特性和创新性的活动方案增强活动的吸引力。

（三）实施跨文化艺术交流活动

活动策划完毕，由教师对学生的实施活动进行指导。这包括与对方学校的沟通与联络、活动的宣传、场地的布置、节目的排演、接待的安排等。在活动开展过程中，教师注意学生的参与和表现，及时给予指导和帮助，做到心中有数，有的放矢。同时鼓励学生积极参与活动的各个环节，锻炼学生的组织协调能力，锻炼学生的团队合作精神，增强学生的团队合作能力。

（四）总结与反思跨文化艺术交流活动

教师要引导学生回顾活动的整个过程，让学生思考活动的成功之处和不足之处，分析原因并提出改进建议。鼓励学生在活动中分享自己的

感受和收获，增进彼此间的了解和交流。通过总结与反思，帮助学生积累跨文化艺术交流活动的经验，提升他们的策划能力和实施能力。

三、教学评价与反馈

（一）活动方案评价

对学生的跨文化艺术交流活动方案进行评价时，主要关注其创意性、可行性和文化特色。考核可采用自评、互评和任课教师评价相结合的方式，力求客观公正，不搞形式主义。

（二）活动实施评价

对学生的活动实施过程进行评价时，主要关注其参与度、表现情况和团队合作精神。可以通过观察记录、学生自评和互评等方式进行评价，及时反馈学生的表现情况并给予指导。

（三）活动效果评价

对学生的活动效果进行评价时，主要关注其活动的影响力、受众反馈和文化交流效果。可以通过问卷调查、受众反馈等方式进行评价，了解活动的实际效果并为学生提供改进建议。

四、教学意义与价值

本模块的教学实践活动，主要是引导学生进行跨文化的艺术交流活动的策划与实施，以促进学生的全面发展，提高综合素质，同时使他们对不同文化的艺术形式有一个比较深入的了解和认识，增进对不同文化的认识和尊重，有利于学生多元文化意识的培养和文化包容性的培养。跨文化的艺术交流活动的策划与实施对培养学生的跨文化交流能力是非常有意义的，是培养学生跨文化沟通能力的重要途径。

模块七 艺术批评实践

艺术批评是艺术教育的重要内容之一，对艺术作品的深入剖析与评价，能够使学生增强对美的审美感悟能力，以及艺术表现、创意实践、文化认识等方面的能力。

一、教学目标

审美感知：艺术批评练习能使学生对艺术作品的美感有更深刻的认识和感受，从而增强审美感受。

艺术表现：学生能运用已学到的知识和技能，用清晰准确的语言表达自己对艺术作品的见解和感受，提高艺术表现能力。

创意实践：培养学生的创造性思维能力，从艺术批评中挖掘出新的观点与见解，使学生的创新意识得到锻炼、实践能力得到提高。

文化理解：为了增进学生对不同文化背景下艺术作品的理解与尊重，培养学生的多元文化意识，通过艺术批评实践来促进文化的包容性和弘扬"和合"精神，是本课程的宗旨所在。

二、教学内容与方法

（一）选择艺术作品

教师根据学生的年龄特点和认知水平，选择适合学生开展艺术批评的艺术作品。这些作品可以来自不同国家和地区、不同历史时期、不同艺术门类，具有代表性和多样性。同时，要确保这些作品能够体现"和合"精神，有助于促进文化交流与融合。

（二）了解艺术作品背景

在进行艺术批评之前，教师要引导学生了解所选艺术作品的背景信息，包括作者生平、创作背景、社会历史背景等。这有助于学生更好地理解作品内涵和价值，为后续的批评实践打下基础。

（三）艺术批评实践

教师能带领学生运用已学的知识和技能，对所选的艺术作品进行深入的剖析和评价。开展批评实践活动，可从以下几个方面入手：

1. 主题与内涵

分析作品的中心思想、情感表达及其深层含义，对作品所传达的主题与内涵进行深入探讨。

2. 形式与技巧

评价作品的视觉元素及其表演技巧在表现主题和情感方面的作用，探讨二者的相互关系。以理论分析为基础，结合实际案例加以说明。

3. 创新与特色

以某件艺术品为例，剖析其在艺术创作上的特色与创新之处，并探讨其对传统艺术形式的继承与发展。

4. 文化背景

把作品置于它所属的文化背景中进行考查，对其文化内涵和价值进行深入的探讨，并对其在不同文化背景下可能产生的共鸣和争议进行论述。

教师在开展批评实践活动过程中，应引导学生尊重他人观点、学会倾听和接纳不同意见，在营造和谐包容的课堂氛围的同时，注重学生的参与性和表现性，鼓励他们大胆发表意见，抒发心声。

（四）成果展示与交流

艺术批评实践活动结束后，教师要组织学生进行成果的展示与沟通，以利于学生对批评工作有深入的体会与认识，为以后的学习打下扎实的基础。在交流环节鼓励学生各抒己见、相互学习与借鉴。通过成果的展示与沟通，既能对学生的学习成果进行检验，又能增强自信心与表达能力，对学生来说是非常有好处的，同时，这也是学生与教师相互学习、相互提高的机会。

三、教学评价与反馈

（一）过程性评价

在艺术批评实践过程中注重评估学生的参与度、合作精神和创新能力。通过观摩记录、课堂互动等方式收集测评信息，做到有的放矢，及时给予指导和帮助。

（二）结果性评价

对学生的批评文章、汇报展示等成果进行评价时，主要关注其观点的独特性、分析的深入性以及表达的清晰性等方面。考核可采用自评、互评和任课教师评价相结合的方式，力求客观公正，不搞形式。

（三）反馈与指导

对学生的估分情况能及时进行反馈与指导。教师在对学生的估分情况进行反馈时，要肯定其优点和进步之处，指出不足与需要改进的地方，并给出具体建议与指导。教师也要着重培养学生自我反思与总结的能力，以使其能在每次估分后能进行客观的自我估分与反思，明确今后的改进方向。

四、教学意义与价值

本单元教学组织学生对艺术作品进行艺术批评练习，以培养学生批判性思维和创新能力为重点，对学生整体发展有促进作用，对整体素质的提高也有很大的帮助。另外，艺术批评练习还能促使不同文化间的交流与相互融合，能够为建设人类命运共同体添砖加瓦，促进"和合"精神的弘扬与传承。

模块八　社区艺术服务项目

小学艺术教育一方面要在课堂上培养学生一定的艺术素养，另一方面要引导学生走进社区服务社会，在民族文化教育"和合"的思想指导下进行艺术教育，把艺术的社会价值发挥到最大。

一、教学目标

审美感知：参与社区艺术服务项目，对学生培养审美眼光有重要意义。通过实践，使学生对社区中的美有更好的感知能力，并对艺术作品有一定的认识和鉴赏能力。

艺术表现：为了增强学生对"和合"理念的认识，提高他们的艺术表现能力，在项目实施过程中，以培养学生创作具备"和合"内涵的艺术作品为重点。

创意实践：运用各种方法激发创意灵感，引导参加社区艺术服务项目的学生构思出新颖独特的艺术方案，并将这些创意转化为实实在在的艺术作品，通过实践使创意得到进一步发挥。

文化理解：为了使学生加深对社区文化的认识和尊重，培养学生的多元文化和包容性意识，以及传播"和合"民族文化的精神，学校组织学生创作社区的艺术作品，并进行展示。

二、教学内容与方法

（一）项目准备

在项目开始之前，教师要对学生进行必要的培训，包括艺术知识、技能的学习以及社区文化、背景的了解。同时，针对具体需求和项目目标，教师要与社区建立联系。

（二）主题确定

教师带领学生围绕社区艺术服务项目这一主题展开讨论，并最终将这一主题确定下来。主题要有积极向上的内涵，结合社区的特点和需求，围绕"和谐"这一民族文化展开。比如，可以选择"和谐社区""多元文化共融"等主题。

（三）艺术创作

在确定主题后，由教师指导学生进行艺术作品的创作。创作形式可以多样化，包括绘画、摄影、表演等。在创作过程中，教师要关注学生的创意实践和艺术表现，鼓励他们大胆尝试、勇于创新。

（四）社区展示

在完成艺术作品后，教师要组织学生带着作品进社区开展展览活动。如举办画展、雕塑展、文艺演出等，可根据作品特点和社区条件灵活选择展示形式。通过展示，增强社区居民对民族文化"和合"的认识和认同，让他们感受到艺术的魅力。

（五）项目总结与反思

在做完项目后，教师对学生的归纳总结和反思进行指导，通过回顾项目的整个过程，让学生思考项目的成功与不足之处，分析原因并提出改进建议的同时，还要鼓励学生分享自己的感受和收获，以增进彼此间的了解与交流。通过这样的过程，达到对学生能力提升的目的。

三、教学评价与反馈

（一）过程性评价

注重项目实施过程中对学生参与度、合作精神和创新能力等方面的考查。通过观摩记录、课堂互动等方式收集测评信息，做到有的放矢，及时给予指导和帮助。

（二）结果性评价

评价学生艺术作品，评价学生社团成果。评价时要注意作品的主题性、创造性、艺术性、文化性等方面的内容，同时也要注意作品在展示过程中的表现力、感染力等方面的内容。参评人员可以采取自评、互评、任课教师和社区居民评相结合的方式集中进行。

（三）反馈与指导

根据测评结果对学生成绩进行综合评定，并及时进行反馈和辅导。肯定学生的优点和进步，指出不足和有待提高之处，针对学生提出的建议和意见进行具体的点拨和指导。同时鼓励学生之间相互切磋，取长补短，共同提高。

四、教学意义与价值

本模块实践教学通过社区艺术服务项目，带领学生为社区创作和展示具有"和合"内涵的艺术作品。培养学生的社会责任感、团队精神和合作精神。同时，通过为社区提供艺术服务，增进了学生与社区居民的交流和互动，传播了"和合"民族文化的精神，促进了社区文化的繁荣和发展。

模块九　艺术疗法体验工作坊

在快节奏的现代社会生活中，人们追求身心平衡与和谐的关注程度日益提高。艺术疗法作为一种新兴的心理疗法，通过艺术创作和欣赏来达到疗愈的效果。

一、教学目标

审美感知：艺术疗法体验工作坊对提高学生的审美感知能力有促进作用。

艺术表现：在工坊里，学生可以自由抒发自己的情绪和想法，实践所学到的艺术知识和技巧，增强艺术表现能力。在工坊里，学生们的创造性得以发挥。

创意实践：运用艺术疗法体验激发学生的创意灵感，鼓励他们将这些创意转化为具体的艺术作品，在练习中不断深入挖掘和开拓自己的创意潜能。

文化理解：艺术疗法体验工作坊有助于学生加深对不同文化背景下艺术作品的认识和尊重，从而培养学生对不同文化的包容性和多元文化意识。

二、教学内容与方法

（一）艺术疗法介绍

教师要向学生介绍艺术疗法的基本概念和原理，以及它在身心疗愈方面的作用。通过案例分享和讨论，让学生初步了解艺术疗法的魅力和价值。

（二）艺术疗法体验

教师引导学生参加丰富的艺术疗伤活动，包括绘画、音乐、舞蹈等，在活动过程中重视学生对情绪的表达，鼓励他们在艺术创作中找到抒发内心世界的途径；引导学生对同学的作品进行欣赏与点评，以促进学生自身审美感知和艺术鉴赏能力的提高，从而有效地帮助他们在艺术疗伤过程中走出心理困境。

（三）主题探讨与分享

在学生体验艺术疗法之后，教师要组织学生围绕"平衡与和谐""情感表达与释放""自我认知与成长"等主题进行讨论与分享，以使学生在交流与分享中加深对艺术疗法的认识与认同，增强学生的文化包容与多元文化意识，从而在交流与分享中达到对艺术治疗有更全面的认识和深入的了解。

（四）创意实践与应用

教师要鼓励学生在主题讨论、分享的基础上，进行创造性的练习和运用。在日常生活中可以引导学生运用艺术疗法，通过绘画记录心情，通过音乐放松心情等，同时，为实现艺术的社会价值，教师可以组织学生对社区居民开展艺术疗伤活动，进行艺术疗伤服务。

三、教学评价与反馈

（一）过程性评价

注重学生参与度、情感体验、表达能力等方面的考核，在艺术治疗体验工作坊中进行。测评信息通过观摩记录、课堂互动等方式进行收集，做到有的放矢。

（二）结果性评价

在艺术作品、实习成果等方面对学生进行评价。评价时要关注作品主题、作品创意、作品的艺术性、表达情感等方面的内容。可采取自评、互评、教师评聘、专家评聘相结合的办法。

（三）反馈与指导

根据学生估分情况及时反馈辅导。肯定学生的优点和进步，指出不足和需要改进之处，给予具体的建议和指导。同时鼓励同学之间互相切磋，取长补短，共同提高，互通有无。

四、教学意义与价值

本模块实践活动以艺术疗法体验工作坊为实践空间，使学生在其中寻找平衡与和谐，有效地促进了自我认知与情感表达能力的提高，有利于学生身心健康的发展。另外，通过艺术疗法的实践与运用，学生对不同文化背景下的艺术作品有了更好的认识和尊重，也在一定程度上培养了文化包容性与多元文化意识，在学习中对多元文化的融会贯通有了进一步的认识。

模块十 "和合"艺术教育成果展览

小学艺术教育在以"和合"民族文化教育思想为指导的基础上，除了注重学生艺术技能的培养之外，更多的是着眼于对学生艺术修养的开拓。为了达到全面展示"和合"艺术教育成果的目的，定期举办学生校内艺术作品展览是必要的教学环节。这项活动既能起到激发学生学习热情的作用，又能促进教师与学生之间的相互沟通与协作，推动学校艺术教育的深入发展。

一、教学目标

审美感知：参观展览可以增强学生对艺术作品的感知能力，培养学生的审美眼光，从而使学生能够发现并欣赏艺术作品中的美，对"和合"民族文化内涵有更深刻的认识；让学生感受到美的存在，丰富他们的精神世界。

艺术表现：用"和合"精神去创作艺术作品，让学生将所学的艺术知识和技能运用起来，并形成作品展示出来，从而提高他们的艺术表现能力，增强自信心和成就感。用"和合"精神去创作艺术作品，不仅可以提高学生的艺术表现能力，而且也是弘扬中华优秀传统文化的有效途径。

创意实践：培养学生的创造性思维，鼓励他们在艺术创作中大胆尝试和创新，通过展览的形式展示学生的创意实践成果，激发学生的创作热情。通过这样的练习，学生可以在艺术道路上不断地推陈出新，开拓视野。

文化理解：通过展览，增强学生对民族文化的理解和认同，使之融会贯通。让他们在欣赏和创作艺术作品的过程中，感受到民族文化的魅力和价值，从而培养他们的文化自信心和传承意识。

二、教学内容与方法

（一）展览策划与组织

在教师的指导下，成立学生展览策划小组，负责展览的主题确定、作品征集、布展设计等工作。同时，为办好展会、营造良好的氛围，展会的各项筹备工作还可以邀请家长、社区代表等共同参与，形成家校共育的良好氛围。

（二）作品征集与筛选

艺术作品面向全校学生征集，形式多样，可以是绘画作品、摄影作品、工艺品。在筛选作品时，注重作品的原创性、艺术性和"和合"精神的体现。通过这一环节，学生们在艺术素养提升方面的创作热情将被激发出来。

（三）布展设计与实施

在教师的指导下，展览的布展设计工作由学生展览策划小组具体负责。包括展厅布置、作品陈列、标识制作等。在布展过程中，应注重作品的展示效果，注重观众的参观体验，把作品展示出来。

同时，鼓励学生发挥创意，尝试不同的布展方式和手法。

（四）展览开放与互动

展览期间，组织全校师生参观展览，邀请家长代表、社区代表等前来参观。为增强展会的趣味性和互动性，设置艺术家现场创作、观众投票评选等互动环节。通过展览的开放与互动，促进师生交流与合作、促进家校合作、促进师生交流与合作，提升学校的社会影响力。

（五）展览总结与反思

展览结束后，组织学生总结反思。通过回顾展览的整个过程，让学生思考展览的成功之处和不足之处，分析原因并提出改进建议。同时，鼓励学生分享自己在展览中的感受和收获，增进彼此的了解。

三、教学评价与反馈

（一）过程性评价

重视对学生参与度的考核、对合作精神的考核、对创新能力的考查。通过观摩记录、课堂互动等方式收集测评信息，做到有的放矢，及时给予指导和帮助。对于在展览策划、组织、布展等环节中表现突出的学生给予表扬和鼓励。

（二）结果性评价

对学生艺术作品和参展作品进行评比。评价时要关注作品的艺术性、创意性和"和合"精神的体现等方面。对参评人员可采取自评、互评、任课教师评和听评员评相结合的方式，采取集中评议的方式进行。对于在展览中获奖或受到好评的作品给予表彰和奖励。

（三）反馈与指导

根据测评结果，综合评价学生的成绩，及时反馈与辅导。肯定学生的优点和进步，指出不足和需要改进地方，并给予具体的建议和指导。同时鼓励学生之间进行互相学习和借鉴，共同提高艺术素养和审美能力。

四、教学意义与价值

展示"和合"艺术教育成果，对小学阶段的艺术教育意义十分重大。首先，以展览的形式，对学生艺术才能及创作成果进行全方位的展示，能激发学生学习的积极性和自信心；其次，为学生搭建了一个自我展示和学习交流的平台，促使师生与家校之间的沟通与协作；最后，对"和合"民族文化的教育理念进行推广，增强学生对民族文化的认同感和传承意识，对于促进学生的全面发展具有十分重要的意义。在今后的教育实践活动中，教师应不断探索创新小学艺术教育的方式和方法，为学生的全面发展奠定坚实的基础，以"和合"为引领，促使学生"德智体美劳"全面发展。

第三章

"和合"
民族文化艺术教育
校本课程的
典型案例

融合课程

——多彩的民族乐器

一、课程主题

多彩的民族乐器。

二、课程性质

本课程以民族乐器中的古琴为核心内容，通过多样化的学习活动，旨在让学生全面了解民族乐器的魅力，提升学生的综合素养。本课程是一门融合语文、音乐、美术三门学科的跨学科融合课程。

三、课程内容

本课程以民族乐器——古琴为主线，通过语文、音乐、美术三门学科的融合教学，开展以下学习活动：

语文学习：通过讲授古琴基础知识，使学生对曲艺、文艺有所感悟，通过"伯牙鼓琴"的故事了解"知音"的含义。

音乐学习：通过欣赏《梅花三弄》这首民族乐曲，了解古琴民族弹拨乐器的音色特点和演奏技巧，激发学生对民族器乐、民族乐曲的热爱。

美术学习：通过学习使用轻泥进行再创作，使学生根据不同的乐器造型发挥丰富的想象，更好地制作立体的泥塑民族乐器造型，凸显其民族美感。

四、课时安排

2课时。

五、课程设置目标

（一）课程目标总述

课程以民族乐器"古琴"为核心，将语文、音乐、美术三门学科有机融合，旨在让学生全方位地感受古琴文化的魅力，提升对传统文化的认知和兴趣，同时通过多样化的学习活动，培养学生跨学科的思维能力和艺术鉴赏能力。

（二）具体课程设置目标

1. "伯牙鼓琴"的语文课堂学习目标

深刻理解"伯牙鼓琴"的故事脉络，感受知音文化的独特魅力。培养学生通过文本分析进行文学鉴赏和语言文字表达的能力。引导学生体会音乐与文字的交相辉映，进一步了解"知音"的深意，融会贯通。

2. 音乐课《梅花三弄》学习目标

聆听《梅花三弄》，欣赏音色优美、意境优美的古琴乐曲。了解古琴的基本构架和演奏技法，以及古琴的作用。培养学生欣赏音乐的能力和演奏技巧，激发他们对民族器乐、民族乐曲的兴趣。

3. 美术课《形形色色的民族乐器》学习目标

使用轻泥材料，学习制作民族乐器模型，培养学生的动手能力和创造能力。通过对各民族乐器的造型特点的观察和研究，使学生认识和理解民族乐器的美。鼓励学生发挥想象，自主设计并制作独特的泥塑民族乐器作品，展现其民族美感和个性特色。

（三）融合课程目标

跨学科综合：打破学科壁垒，促进知识、技能与情感的融合，通过三门学科的交叉学习，培养学生的全面素质。

文化传承：把中华优秀传统文化传承好、弘扬好，以古琴为主线，增强学生的文化自信和民族自豪感。

艺术审美：提高学生的艺术鉴赏能力和创作能力，能追求美、创造美。

创新思维：鼓励学生在学科交叉的学习中发挥创新思维解决问题，增强动手能力，提升创新精神。

《梅花三弄》教学设计

一、教材分析

《梅花三弄》是一首著名的古琴曲，以其悠扬的琴声和梅花高洁的品格相融合而闻名，是粤教花城版《音乐》教材六年级上册第七课要学习的乐曲。乐曲通过三段不同的弄（乐章），展现了梅花的傲骨与坚韧，以及其在严寒中傲然绽放的坚韧美。《伯牙鼓琴》是一篇描写古代音乐家伯牙与锺子期情深义重的文言文，在人教版《语文》教材六年级上册第七单元。文章通过伯牙鼓琴、锺子期听琴的故事，展现了知音难寻，以及音乐在传递情感、沟通心灵方面的独特作用。

二、融合点分析

（一）音乐与文学的共鸣

《梅花三弄》与《伯牙鼓琴》均是中国传统文化中的瑰宝，前者是音乐艺术的代表，后者是文学艺术的典范。两者在表达情感、塑造意境方面有着异曲同工之妙，都是通过艺术手段来抒发作者内心的喜怒哀乐，引发听众或读者的共鸣。

（二）艺术与人文的融合

这两篇课文不仅展现了音乐与文学的艺术魅力，还蕴含着丰富的人文内涵。《梅花三弄》以梅花为题材，传递了梅花坚韧不拔、高洁自爱的精神品质；《伯牙鼓琴》则通过伯牙与锺子期的故事，弘扬了知音难寻、珍视友谊的传统文化价值观。

三、学情分析

（一）学生基本情况

六年级的学生正处在从儿童期过渡到青春期的关键阶段，无论是认知能力还是审美感受，都在以较快的速度向前发展。在音乐方面，学生对音乐基础知识和鉴赏能力有了一定的初步感受，对音乐作品的情绪、意境有了一定的认识。在语文方面，学生学习了大量的文学作品，对文字的解读能力、语言的表达能力都有一定的提高。

（二）音乐素养与语文能力分析

1. 音乐素养

六年级学生对于音乐的基本要素（如节奏、旋律、音色等）已有一定的感知能力，能够区分不同的音乐风格和情绪。但对古琴这一传统乐器的了解可能相对有限，对其音色和演奏技法也不太知晓。

2. 语文能力

六年级学生已积累了部分古文语法和词语，接触了不少文言文。同时，通过阅读理解，对文中的故事情节、人物形象等能有所把握，也能体会到作者的所思所想、所感所悟。对于《伯牙鼓琴》这一蕴含深厚文化内涵的文言文，学生还需要进一步深入理解和感悟。

（三）学习兴趣与动机分析

1. 学习兴趣

六年级学生对于新鲜事物充满好奇心，对于音乐和语文这样的艺术人文类课程通常表现出较高的兴趣。特别是与语文内容相结合的音乐，更容易激发学生的学习兴趣，激起他们的探求欲望。

2. 学习动力

学生的学习动力随着年龄的增长，从外在的带动，逐渐向内在的带动转变。他们渴望通过音乐、语文学习提升审美品位和人文素养的同时，也希望通过课堂表现展示才艺、展示成果。

四、教学目标

（一）审美目标

通过《梅花三弄》的赏析，让同学们在感受中国古典音乐之美的同时，也能从中体会到情感表达的深刻与含蓄。通过对《伯牙鼓琴》的学习，让学生了解到古人对音乐的深层理解与意味深厚的表达方式，培养对古典名著进行审美的能力。引导学生对照音乐作品与文学作品的异同，在抒发情感、表达意境中领会两者的独特之处和相通之处，从而促进学生对艺术的全面理解，加深对美的认识。

（二）艺术表现

通过演奏和解析《梅花三弄》，指导学生体会古曲中的节奏变化、旋律起伏及音色搭配，能够初步掌握表现古曲风格的演奏技巧。通过阅读、朗诵《伯牙鼓琴》，教会学生如何通过语音、语调的变换来表达文中的情感变化，理解文学语言的音乐性。

结合两者，鼓励学生以音乐为背景，进行文学作品朗诵，或以文学作品为灵感，进行音乐创作，实现音乐与文学的艺术融合表现。

（三）创意实践

激发学生的创造性思维，鼓励学生根据《梅花三弄》的曲调特点，自行编创简短的舞蹈或肢体动作，以形体语言诠释音乐之美。引导学生基于《伯牙鼓琴》的故事内容，进行角色扮演或情景剧的创作，将文学故事以新颖的方式演绎出来。

（四）文化理解

通过《梅花三弄》的教学，使学生了解中国传统音乐文化的深厚底蕴，认识到古典音乐在历史长河中是如何传承与发展的。通过《伯牙鼓琴》的教学，让学生了解中国古代文人与音乐之间的密切关系，以及音乐在古代社会中的重要作用。结合课程内容，引导学生思考音乐与文学在中国文化中的地位，以及两者如何共同构成一个丰富多彩的民族文化艺术宝库，从而加深学生对中国文化中音乐与文学地位的认同感和自豪感，并结合课程内容，从不同的角度，引导学生思考音乐与文学在中国文化中的地位。

五、教学重点

（一）跨学科的艺术欣赏与理解

引导学生通过音乐和语文文本两种艺术形式，感受并理解《梅花三弄》与《伯牙鼓琴》各自所表达的情感、意境及其背后的文化内涵。重点是让学生学会在不同的艺术形式中发现共同点，体会艺术与情感、生活的紧密联系。

（二）对传统文化的认知与传承

两幅作品都蕴含着深厚的中华传统文化底蕴，是中国传统文化中最具代表性的作品。教学重点应放在引导学生认识并尊重传统文化上，通过学习与体验，激发学生对传统文化的兴趣与热爱，并愿意在生活中进行传承与弘扬。

（三）艺术与人文的综合素养提升

融合课程应注重培养学生的艺术鉴赏能力、文本解读能力以及人文素养，让学生通过本课程的学习，能够全面提升自身的综合素质。

六、教学难点

（一）古琴音乐与文言文的深度解读

古琴音乐对于大部分学生来说可能较为陌生，其音色、节奏和演奏技法都需要学生用心去体会和感悟。同时，《伯牙鼓琴》作为文言文，其语言结构与现代汉语有所不同，学生需要运用已学的文言文知识去理解文意，这对学生来说是一个挑战。

（二）跨学科知识的有效融合

音乐与语文知识如何自然融合，让学生在学习过程中能顺利切换不同的思维模式，感受两种艺术形式之间的内在联系，是融合课程教学的难点。

（三）学生情感共鸣的激发

两部作品所表达的情感深沉且内涵丰富，如何引导学生深入了解作品，产生情感共鸣，进而理解作品的深层含义，是教学中的又一难点。这就要求教师对教学环节进行精心设计，在触及学生情绪的教学方法和手段上做到多管齐下。

七、教具准备

钢琴、古琴、PPT、视频。

八、教学过程

（一）纵情吟诵识知音

（1）今天让我们一起走进一段美好的艺术之旅，音乐、绘画、雕塑、曲艺这些艺术形式都能带给我们美好的感受。（板书：艺术之美）

这节课，我们就穿越时空，一起领略中国古代的艺术之美吧！

（2）自读《伯牙鼓琴》，了解了大意后，思考这是一个关于什么的故事。

遇到难句：查阅工具书、借助批注、读图解、联系上下文、联系身世、借助素材、想象画面、求教他人。

（3）读出节奏：文言文的诵读讲究节奏和韵味，句中要根据意思稍停顿，声断而气相连，读慢一点，才有味道。

我读，你听，遇到停顿处在文中画斜线——表示停顿，对照练习——个别读、齐读。

（4）反复诵读，品韵味、悟文意。

书读百遍，其义自见。你读懂了哪句话？你是怎样理解的呢？

（5）作为全国闻名的大琴师、走到哪都能获得掌声和赞美的伯牙，却独独把普普通通的锺子期当作知音，他们是怎样的知音、有什么共同之处呢？

方鼓琴：伯牙心中所想，锺子期从琴声中一听便知，既快又准，十分"悦耳"，这是锺子期的心里话。

善哉乎：锺子期对伯牙所弹的古琴乐曲十分欣赏、由衷赞叹，从侧面衬托出伯牙琴技高超，想到什么就能弹出什么样的古琴乐曲。

这是锺子期对伯牙古琴乐曲的赞美，"哉"和"乎"都是语气词，把"善哉乎"连起来，读慢一点，稍作停顿再接着往下读。还有"巍巍乎……，汤汤乎……"句。谁来读读这些赞美的话语？

他们一个爱弹，一个爱听，两人通过音乐来交流，成为知音。

（板书：知音）

（6）小结：动听的乐曲中蕴含着感人的故事，乐曲会带给我们不同的感受，只有用心去倾听，透过乐曲不断感受他人的情感，你才能更深入地了解音乐艺术真正的魅力。一起欣赏古琴演奏《高山流水》。

（二）高山流水懂古琴

1. 古琴相关知识学习

伯牙当时弹奏的是什么乐器？

（1）古琴的视频介绍。（学习单：古琴有几条弦）

（2）古琴的补充简介。古琴是中国最古老的弹拨乐器之一，据《史记》记载，琴的出现不晚于尧舜时期，在孔子所处的春秋时期开始盛行。20世纪初，为区别于西洋乐器，才在"琴"的前面加上"古"字，称为"古琴"。

（3）古琴的弹奏体态和三种主要的弹奏方式。

2. 学习《梅花三弄》

梅花往往被喻为节操高洁之士，在古今艺术创作中，梅花的高洁品格是重要的题材。今天，我们将欣赏一首早在唐代就已在民间广为流传的关于梅花的古琴曲——《梅花三弄》。

（1）弹奏《梅花三弄》赏析引子部分。谈一谈这首曲子的音色、韵律有什么特色？

（2）播放《梅花三弄》。听一听有没有刚才所唱的旋律？出现几次？

（3）"三弄"的学习（旋律、演奏手法、意境）。

（4）《梅花三弄》采取哪种音乐调式？

（5）观看《梅花三弄》的视频。

（6）古琴的音色（学习单：典雅、低沉、悠远）。

（三）作业

设计古琴（与美术课相结合）。

《形形色色的民族乐器》教学设计

一、学习领域

造型·表现。

二、教学课时

1课时。

三、教学对象分析

六年级学生有纸质手工简单立体造型的能力，他们愿意大胆表达自己的意见，积极参与探究性活动，对于美术与音乐相结合的方式非常感兴趣。六年级学生会用文字、图像等多种形式将所想所见记录下来，并能在美术课上发展其艺术构思与创作的表达能力，思想情感的表达能力，能运用各种线条、形状、色彩等元素，再组合，再创作。

四、教学分析

本教程为岭南版《美术》教材六年级上册第五单元第16课《形

形色色的民族乐器》，属于"造型·表现"学习领域。该课表现为"艺术与人文""艺术与传统文化"环环相扣，需要深厚的文化积淀和丰富的实用美术知识，本课主要以《梅花三弄》为切合点，让学生探究民族乐器的造型，感受音色的丰富性，欣赏民族乐器的美。本课体现了鲜明的地方特色及其发展，让学生了解民族音乐演奏艺术，并通过《梅花三弄》以培养学生表现美好生活、热爱家乡曲艺的情感为目的，培养学生的审美意识。

本课的教学内容是欣赏民族乐器的艺术造型、颜色、花纹及材料等。学习使用轻泥模仿其外形和风格特点进行再创作，难点是如何指导学生根据不同的乐器造型发挥丰富的想象力和创造力，更好地制作立体的泥塑民族乐器造型，凸显其民族美感。

五、教学目标

（一）审美目标

通过古琴泥塑制作的学习与实践，初步了解并欣赏古琴的独特造型与韵味，培养学生的审美感知能力。学会观察古琴的线条美、比例美以及整体与局部的和谐美，从而能够初步鉴别古琴制作工艺的优劣，并对古琴艺术产生浓厚的兴趣与爱好。

（二）艺术表现

通过亲手制作古琴泥塑，感受其独特的艺术魅力。在制作过程中，学会运用轻泥等材质，通过揉、捏、塑、刻等手法，将古琴的形态、纹饰等细节逐一呈现。尝试在古琴泥塑上添加自己的创意元素，如独特的装饰图案或个性化的签名等，使古琴泥塑作品更具艺术表现力和个性化特征。

（三）创意性练习

为了使学生在学习中发挥创造性思维与动手制作能力的同时，培养对传统古琴的了解和对现代元素的运用能力，教师应鼓励学生改变传统古琴造型，在设计中融入现代元素或尝试使用不同的材料和技法进行古琴泥塑的制作，使学生在动手制作过程中加深对传统古琴的认识和领悟，又能将现代元素与传统韵味融会贯通，从而创作出既具有古琴传统韵味又极具时代特色的创意作品。

（四）文化认识

通过学习和实践古琴泥塑制作，深刻认识古琴在中国传统文化中的地位和价值。古琴不仅是中国最古老的拨弦乐器之一，也是中国古代文人墨客抒发情感、寄托情怀的重要工具。学生通过制作古琴泥塑，感受其背后蕴含的深厚文化底蕴和人文精神，加深对中华优秀传统文化的认识和理解，培养热爱祖国传统手工艺术的情感，激发民族自豪感和文化自信。

六、教学重点

欣赏民族乐器，归纳乐器造型、颜色、花纹。

七、教学难点

泥塑民族乐器的造型。

八、教学过程

（一）导入

过渡语：刚才黄校长带领同学们了解了古琴的历史、音色以及乐曲，"琴棋书画"四艺之首的古琴，是中国特有的民族乐器。今天，我们从听觉走进视觉的盛宴，一起探索中华民族乐器的瑰宝。让我们一起动手做一把古琴吧！

（板书课题：形形色色的民族乐器——弹拨乐器）

（二）探究

过渡语：在《梅花三弄》音乐欣赏课，让我们从听觉的角度了解了中国民族乐器的韵律之美，下面，我们用三探的形式一起探究古琴的结构与制作方法，运用美术的技法制作出别具一格的艺术品。

每个同学面前都有一份学习清单，我们根据学习清单的内容了解本堂课的重难点。

（1）初探：赏唐代古琴。

师：同学们，请打开书本××页，一起欣赏这把历史悠久的古琴。

先观察，再思考，进行评述。

请填写学习清单。

（板书：造型、色彩、材料）

师：看完了历史悠久的古琴，我们再来观察我手中的这把古琴，它有什么不一样吗？

生汇报。

师：是的，随着历史的变迁，古琴也在不断变化，变得更加精美了，人们还添加了许多传统纹样作装饰。

（板书：纹样——民间传统纹样）

师小结：我国的民族乐器都是采用天然材料制作的，造型独特，颜色以暖色调为主，图案都带有浓厚的民间吉祥寓意，它们都是中华民族传统文化的精髓，也是非物质文化遗产中的瑰宝，是我国民族乐器中的精品。（完成学习清单第1题）

（板书：独特、简朴、天然）

（2）二探：视频（古琴的制作工艺）。

过渡语：真正的古琴，是怎样制作的呢？下面我们一起看看斫琴师是如何制作古琴的。（出示视频）

师：我们了解了古琴的制作方法，也感叹斫琴师对古琴的执着追求，接下来，我们探究古琴的结构组成。

师：古琴的结构组成分为外部结构和内部结构，我们可以尝试沿着书本中古琴的外部轮廓，感受它的外部形状。各小组的同学可以探讨一下用哪个词语更能贴切地形容它的外形呢？

生汇报。

师小结。

师：（展示结构图）我们再仔细观察，可以对照学习清单的第6题。古琴的音色优雅，但它的局部的名称也很有诗意。从上往下看，最上面琴头部分，称之为……接着往下看……

生完成学习清单。［第（2）至第（6）题］

师：如果我们要制作一把古琴，我们能利用生活中哪些材料呢？

生：卡纸、纸皮、棉线……

师：如果是纸质手工可以运用哪些艺术手法？

师展示图片。

生：拼贴、拼接、插接。

生完成学习清单第（3）题。

（3）三探：（小组探究）古琴的制作技巧、步骤。

师：现在我们可以通过示范视频了解制作古琴方法。

小组通过学习清单的第（3）至第（5）题，探究制作古琴的要素。

生看完视频，自主探讨。（2分钟）

师：谁能告诉老师制作古琴用的是哪种艺术手法？哪些技法？

生汇报。

师：提示拼贴式。

师：技法：剪、贴、画。（同时板书）

师：他们制作的步骤顺序是什么？

生汇报。

师：先画、剪、上色、拼贴局部、粘贴琴弦，琴弦是几根？（7根）

师：如果我们突破传统，可以用什么方法把古琴变得更有美感？

生汇报。

师：可以添加花纹、改变局部。（PPT：添加、色彩）

师：我们需要特别注意的什么？（提示：在制作的过程中，我们应该在哪个步骤进行添画花纹或将哪个步骤提前？）

小结并板书：画、剪、上色、拼贴局部、添画纹样、粘贴琴弦。

师：虽然它是传统乐器，但我们要有自己的想法才能创作出独特的艺术品。表扬积极思考的同学们，非常积极、活跃地想到了不同的方法。

（三）拓展

师：纸质除了拼贴，还可以用什么方式呈现作品？

观看视频，完整制作古琴。

师：原来纸质还可以做不同质感的造型，相比拼贴的方式，这种半立体制作方法，哪里不一样？

师：不管是平面还是立体，我们都可以大胆尝试。

（四）创作

过渡语：音乐大师弹奏作品时，通常是随着感受表现音乐，现在我们就听着古琴的音乐声，小试牛刀。

作业要求：

（1）初级斫琴师：用纸质制作一件拼贴的单色的古琴。注意造型、颜色、花纹装饰。

（2）高级斫琴师：用纸质制作一件半立体彩色的古琴。注意造型、颜色、花纹装饰。

（五）作品展示

生生互评、师评。

（六）延伸

除了古琴，你还认识那些民族乐器？

生：鼓、笛子、月琴、马头琴等。

（七）艺术综合课程学习清单

艺术综合课程学习清单

班级_____　　　　姓名_____

一、音乐

1.这段主题音乐采用哪种音乐调式？（　　　）

2. 听辨音乐并排序。

（　　）5 6 5 3 3 3- 5 1 6 5 33 2 1 2 123 65 5 5 32

（　　）1 5 5 5 32 15 5 5 32 12 1 23 55 5- 32

（　　）1 2 2 2 5 3 2 1 61 1 2 1 1-

3. 古琴有（　　）条弦，_____年历史。

4. 古琴的主要演奏技法：

_____　　_____　　_____

5.《梅花三弄》主题音乐出现_____次。

6.《梅花三弄》由_____乐器演奏。

二、美术

1. 古琴的造型_____。颜色以_____色调为主，制作材料_____，纹样运用_____。

2. 古琴的外形是（　　）。

3. 制作纸质手工艺品，运用的艺术手法：

_____　　_____　　_____

4. 制作纸质手工古琴，运用的主要技法：

_____　　_____　　_____

附：学生作品

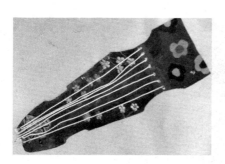 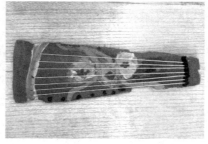

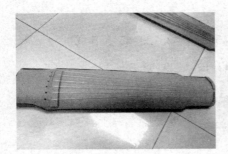

项目式学习

——走近戏曲

一、课程主题

国粹之瑰宝——京剧。

二、课程性质

本课程是一门旨在通过多样化的学习活动，使学生全面了解京剧艺术的魅力，提高他们的综合素养的跨学科项目式学习课程。本课程融语文、音乐、美术三门学科为一体，以京剧艺术为核心内容。

三、课程内容

本课程以京剧艺术为主线，通过语文、音乐、美术三门学科的一体化教学，开展以下学习活动：

语文学习：通过阅读《京剧趣谈》等文本材料，了解京剧的历史渊源、表演形式和文化内涵。

音乐学习：通过听京剧的唱腔、学京剧的音乐节奏和旋律特点，感受京剧音乐的韵味和味道。

美术学习：通过观察京剧脸谱的色彩和图案设计，学习绘制脸

谱的基本方法和技巧，创作个性化的脸谱作品。

四、课时安排

3课时。

五、课程设置目标

（一）总体目标

该项目式学习课程旨在通过跨学科的学习活动，让学生全面了解国粹艺术——京剧，感受其独特魅力，培养学生的审美情趣、文化素养和团队协作能力。通过音乐、美术和语文三门学科的融合教学，学生将能够深入探索京剧的多元艺术价值，从而加深对传统文化的认识与热爱。

（二）具体目标

音乐课《走近戏曲——画脸谱》目标：让学生通过学习京剧脸谱的绘制，了解脸谱在京剧中的重要作用及象征意义，引导学生在感受京剧曲子的韵律、旋律和韵味的同时，欣赏京剧曲子。激发学生的艺术创造力，培养他们对戏曲表演的初步兴趣和能力。

美术课《画脸谱》目标：教授学生脸谱的绘画技巧，包括色彩搭配、图案设计等。鼓励学生发挥想象力，进行个性化脸谱创作。通过脸谱的绘制，让学生体会京剧艺术的视觉美感，提升美术素养。

语文课《京剧趣谈》目标：介绍京剧的历史渊源、基本特点和流派传承，增强学生的文化知识储备。通过阅读京剧剧本选段，分析人物角色和剧情发展，培养学生的文本解读能力。

（三）综合目标

促进学科间的融合与渗透，形成对京剧艺术的全面认识。培养学生具有创新实践能力的学科交叉思维能力。在文化传承中增强学生的民族自豪感、责任意识。

《走近戏曲——画脸谱》教学设计

一、教材分析

《走近戏曲——画脸谱》是花城版《音乐》五年级下册第6课内容。中国国粹京剧，中华民族艺术瑰宝。本课以生动形象的图片，以饱含韵味的水墨中国风背景，创设浓浓的"中国味"氛围，充分体现了"以审美为核心"的理念。本课主要从京剧脸谱、京剧唱腔等方面入手，通过详细具体的讲解，直观的视频欣赏，学习京剧念白、京剧打板等，并运用情感欣赏与理性兼顾的思维导图进行归纳总结，使学生在弘扬民族音乐、培养爱国情感的同时，轻松掌握枯燥的京剧知识，培养对京剧的兴趣和审美情趣。学生通过本课学习京剧念白与京剧打板，并为该单元京剧曲目的欣赏和学习做铺垫。

二、学情分析

（1）《画脸谱》为花城版五年级下册第6课中的欣赏曲目。本单元围绕京剧这一门国粹艺术形式中的脸谱来选择唱段。重点在于引导学生能够感受京剧在传统音乐中的无穷魅力，了解京剧的基本常识。

（2）《画脸谱》是根据京剧的板腔改变而来的，运用西皮流水的旋律与节奏作曲，填入脸谱的元素，促进学生在表演中乐于与他人合作，共同感受我国独有的戏曲艺术魅力。

（3）学生觉得京剧离他们比较遥远而又陌生，为了激发学生的兴趣，在课堂中，要以学生为中心，融感知、体验、理解、视听为一体，在看戏、听戏中逐渐学会怎样去欣赏和品味京剧的韵味，认识京剧在艺术中的地位。

三、教学目标

（一）审美目标

学生能感受到京剧艺术的独特韵味和神韵，对京剧的音乐、唱腔、脸谱等元素产生审美兴趣。通过欣赏京剧选段，学生能够初步分辨不同行当、角色的唱腔特点，感受其音乐节奏和旋律美。

（二）艺术表现

学生能够模仿京剧唱腔的韵味和节奏，尝试演唱简单的京剧选段，表现其音乐特点。

（三）创意实践

激发学生的创新思维，鼓励他们尝试改编或创作简短的京剧唱词和旋律。

（四）文化理解

学生能够了解京剧艺术的历史渊源和文化背景，认识到京剧艺术在中国传统文化中的重要地位，对京剧艺术的历史渊源和文化背景具有重要意义。

四、教学重点

分辨京剧脸谱（色彩、对比、夸张）的特点及各代表人物；了解京剧西皮流水唱腔的基本特点。

五、教学难点

学生会模仿哼唱《画脸谱》西皮流水的过门、唱段和拖腔旋律。

六、教具准备

京剧戏服、PPT、视频、脸谱。

七、教学过程

（一）导入

老师穿着青衣戏服表演一段京剧念白的自我介绍，让学生从视觉上、听觉上对京剧有了一个初步的感悟，让他们想一想京剧和我们平时唱的歌有哪些不一样的地方。

师念白：

我是×小黄老师（仓才　一才　仓）

来自美丽广州市（仓才　一才　仓）

今天来和你相会（仓才 一才 仓）

学习京剧演国粹（仓才 一才 仓）

师：同学们，请问你知道老师在干什么吗？

生：老师使用说唱的方式，在演戏剧。

师：是的，你们观察得真仔细，一听就能发现我演绎的这首曲子的特点。在戏曲里，这种形式的演绎不叫说唱，叫作念白。现在请你们跟着我一起做一做，演一演。

生跟随老师做动作。

师：同学们表演得真精彩，请给自己掌声，表扬一下自己。

（二）深入了解京剧

1. 分组后选择自己小组的任务

任务A：京剧里都有些什么角色？（四大行当：生、旦、净、丑）

任务B：京剧里主要有哪些唱腔？（西皮、二黄）

任务C：京剧的技艺是什么？

任务D：京剧的伴奏有哪些分类？

下面就请同学们先来看个视频，探究以上问题？

2. 学生汇报任务答案

师：欣赏京剧。（视频）

了解京剧四大行当：生、旦、净、丑。

师：同学们，京剧在2010年被联合国教科文组织列入世界非物质文化遗产代表作名录，戏曲人物有四大行当。你知道他们的名字吗？

生：生、旦、净、丑。

师：同学们，老师今天也扮演了京剧中的一个角色。请问：你知道是什么吗？

生：旦角。

师：是的，只有旦角才是京剧舞台上的女性形象。现在请你们跟着我来模仿一下旦角做手。

（演示旦角的手部动作）

师总结：京剧是中国五大戏曲剧种之一，中国影响最大的剧种。京剧是中华民族艺术中的瑰宝，中国国粹之一，被视为中国国宝。

（三）了解京剧唱腔

京剧的唱腔主要由两大声腔组成：一个是西皮，另一个是二黄。

西皮：刚劲有力的曲调，擅长表现情感丰富、雷厉风行的人物形象。

二黄：曲调平缓抒情，善于表现人物的愁苦哀怨的情绪。

倾听"西皮"唱段。

师：请问这首京剧的音乐情绪是怎样的？

（第二遍）再次倾听，继续分组学习。A. 有没有乐器伴奏？B. 能听出来是什么乐器吗？C. 音程是级进还是跳进？D. 音区是偏高还是偏低？节奏是平稳的还是起伏多变的？

（第三遍）多次倾听，说说跟你平时听到的歌曲风格有什么不同？歌词有哪些特点？

（四）我是小小演唱家

师：同学们，接下来我们来演唱一下"花脸西皮流水唱腔"。

课堂练习：唱一唱，演一演。

（五）认识脸谱

师：今天，老师也带来了四种脸谱，它们各具特点。你们看看这些脸谱的颜色相不相同？

师：请看第一个脸谱是以什么色调为主的？（请生回答）

师：对，是以黑色为主的色调，所以请看他额头上的月牙儿，你再结合黑色的特点，是不是能猜出这是哪个人物？（请生回答）

师：对，非常正确，是包公。黑色代表正直、无私、刚正不阿的人物，如包公。

有什么动作表现包公？

下面请看第二个脸谱是以什么色调为主的？（请生回答）

师：对，以红色为主。请结合你平时的常识，来说说哪个人物是红脸？（请生回答）

师：非常正确，就是关羽。红色代表忠贞、英勇的人物形象，如关公。

可以怎样扮演关公？

（三号的五官明显不如前面两位，这一点可以提醒学生）。

白面代表的人物阴险、多疑、腾空、肃杀，如曹操。

曹操有什么动作表现？

师：美猴王，第四张脸大家一看就知道了。

金色表现各种神怪形象，如美猴王的形象。

《画脸谱》教学设计

一、学情分析

本课的授课对象是已经具有较强感知力、理解力和资料收集能力的小学六年级学生。为便于课上和课下交流，教师可以组织学生收集有关面孔的素材。六年级学生对"时间、空间"的概念比较明确，有意识地把自己的优势发挥出来，可以保持较长的时间和对新鲜事物的兴趣。戏剧脸谱是一门新鲜有趣的艺术，学生有很强的学习兴趣和表现欲。

二、教材分析

《画脸谱》以引导学生了解中国戏剧脸谱艺术为主要内容，通过动手实践，鼓励学生发挥创意，设计个性化脸谱作品。本课程旨在让学生感受中华传统文化的魅力，并通过美术教育的形式培养学生的审美情趣和文化修养。

三、教学目标

（一）审美感知

学生能够初步观察和描述中国戏剧脸谱的视觉特征，包括谱式、色彩、图案等元素，感受其独特的艺术魅力和审美价值。

（二）艺术表现

掌握基本的脸谱绘制方法和步骤，提高学生欣赏和表现中国戏剧脸谱的能力，能绘制与众不同的戏剧脸谱。

（三）创意实践

激发学生的创新思维，鼓励他们在戏剧脸谱的设计中融入个人风格和创意元素。

（四）文化理解

通过学习，学生能够理解戏剧脸谱在角色塑造和剧情表达中的作用，加深对传统戏剧文化的理解。培养学生的文化自信和民族自豪感，激发学生热爱中华优秀传统文化、传承中华优秀传统文化的思想情感。

四、教学重点

戏剧脸谱的认识与绘制。

五、教学难点

脸谱图案设计美观，色彩运用得当，培养学生热爱戏剧艺术的情感。

六、教学过程

导语：京剧是我们的国粹，不知大家有没有听过一句话"梨园百变京腔，脸谱千衣百妆"，刚才黄老师带着我们走进了京剧的世界，介绍了从西皮流水到生旦净末丑的动作角色，让我们领略到了中国特有的艺术风采。接下来我就带着大家一起来感知一下京剧脸谱的艺术魅力。

（一）回顾脸谱知识

师：现在你们将会化身为一名非遗探究专员，让我们一起探究脸谱的艺术精粹。它们不仅是国粹的重要代表，更是让中华文化走向世界的精品之作。

展示：国粹脸谱，有趣在哪儿？

师：接下来，我们会围绕这个大问题，完成以下的任务。同学们，你们准备好了吗？

看视频：回顾脸谱的视频。

（二）探究——色彩辨认

任务一：猜猜他是谁？

师：我想大家在观看视频的时候一定能回忆起上节课的内容。中国的戏曲根据年龄、性别和身份不同，把人物划分为哪些行当？请大家一起告诉我。（生答）生、旦、净、末、丑，每个角色都演绎着社会不同阶层的经典人物。

师：下面，我们一起来热热身！通过一些线索猜猜他是谁，看看同学们的火眼金睛厉不厉害。

师：你是怎么辨认出来的呢？通过什么线索辨认？

出示PPT，展示关键词：红色、大刀、黑色、包公、孙悟空。

提炼出性格，善恶的颜色。

（自由答）

师：为什么要用不同颜色来代表不同人物呢？

总结：看来同学们对于经典人物都非常熟悉，原来我们可以通过脸谱的颜色判断人物性格，再从人物性格分析出是哪位经典人物。用色彩区分戏剧扮演的人物，只有色彩与人物的性格合为一体，才能体现脸谱的艺术价值。这就是我们的国粹精巧之处。给自己掌声！

师：所以，国粹脸谱，有趣在哪儿？巧用象征来总结。

师：色彩是不同画面中不可或缺的灵魂，它是我们的点睛之笔，让画面更生动、更有质感，除了这三个人物，还有其他的颜色各自代表着不同的人物与性格，同学们请看。

红色——表现忠贞、英勇的人物性格，如关羽。

黑色——象征刚烈、勇猛、粗率、鲁莽的人物性格，如包公。

白色——代表阴险、狡诈的人物形象。如曹操。

黄色——代表凶猛、险恶的人物形象，如典韦。

绿色——代表刚勇、刚烈、凶悍、暴躁的人物性格，如程咬金。

蓝色——表现人物性格中的刚烈、骁勇和心机，如窦尔敦。

（三）探究——谱式类别

任务二：寻找脸谱的不同之处！

提问：脸谱是否千篇一律？

提问：你能发现每一个脸谱的布局、构图有什么不一样吗？

生汇报。

出示关键词PPT：三个颜色、中间对半、整张脸是同一个颜色、它们有不同的花纹。

师：同学们都观察得非常仔细，现在许老师把你们所说的关键词语罗列出来。

师："为什么是整张脸？

总结：整张脸只用一种颜色，简单地勾画出五官，这样的谱子叫作"全脸"。

师："三块瓦"在哪里呢？

总结：运用夸张眉、眼、鼻窝的手法，是额头和两峡呈现出明显的三块主色，如三片瓦当，有粗眉大眼、竖眉立目之感，此谱称为"三块瓦"。

师：在脸上能找到十字吗？

在额顶至鼻尖画一条通天柱纹，将两眼窝以横线相连，竖柱纹与横纹交叉呈十字形，称为"十字门脸"。

师：由"花三片瓦"演变而来，保留主色，其他部分用辅色加上花纹，色彩丰富，此谱称为"碎花面"。

总结：京剧脸谱的脸谱构图和布局分为全脸、十字谱、三片瓦面、碎花脸。

板书：国粹脸谱的乐趣在哪里？（脸谱多样）

（四）探究——细节处理

任务三：还有什么办法可以让脸谱变得更加独特呢？

师：仔细观察，我们刚才学习了脸谱构图布局，还有什么办法可以让脸谱变得更加独特呢？

大家有没有发现每张脸谱神情都是形态各异，你们认为他们用了什么"法宝"？

没错！用了图案，运用线条、纹样将脸谱进行了变形与夸张。

还用了火纹、云纹、花草纹、回纹、螺旋纹等，这些都是我们中国传统的图案。

师：纹样的分布有什么特点？

师：假设我挡住一半，你们发现了什么？

还有这张图，它还对不对称呢？

脸谱的图案一般是对称的，也有局部不对称的，颜色鲜艳，对比强烈，造型夸张，人物性格特征鲜明，这些都是最容易出现在脸谱原有图案中的一种，这是一种不对称的图案。

出示："国粹脸谱有趣在哪儿？"（夸张变形）

（五）小组探究：脸谱设计

师：刚才我们从色彩、谱式、纹样三个方面读懂了脸谱的国粹之美，象征的艺术手法、夸张的表现形式、多样的布局构图，让我们沉浸在传统艺术的精雕之美。

下面，尝试脸谱设计，用我们的独特的见解来感受京剧脸谱的魅力。

师播放示范视频。

师小结：

（1）先画好人物脸形。将左右中轴线固定在画好的脸谱形状上。

（2）画出人物的五官，以眉目、口鼻定其位。眼睛是五官的重点部位，只有画好眼睛才有神采，每张脸谱的图案都是多变的，我们可以用不同的线条（云纹、蝙蝠纹、蝴蝶纹、螺旋纹）修饰眼睛，再画出夸张的口鼻。

（3）脸谱图案用铅笔勾画，注意左右对称（除特殊脸型）。在勾画谱式时要注意，将面部各部位的图形分块画出。

（4）色彩处理方式。（说明：①从浅色开始画，留白即可；②先边后中间涂边，同色共施；③上色要注意水分和色彩的饱和度，采用平涂的方式，将墨色涂满，最后涂上一层就可以了，这样可以起到画龙点睛的效果。）

瞧，一张精美的脸谱就这么诞生了。下面就让我们用手中的画笔画出一张张与众不同的脸谱吧！

（六）作业要求

一星任务：参考经典人物脸谱，画出自己喜欢的戏剧人物脸谱。

二星任务：用自己喜欢的艺术形式，按照自己的理解，加上图案，画出不一样的戏剧脸谱。

《京剧趣谈》教学设计

一、教材分析

《京剧趣谈》是人教版《语文》六年级上册第七单元中的一篇以小节为单位编纂的课文。第七单元编排的课文以让学生体验艺术之美为主题，本节课向学生介绍了《马鞭》和《亮相》两种中国京剧艺术中的艺术表现形式。作者徐北城将这些有趣的表现形式用通俗幽默的语言娓娓道来，既有京剧知识的介绍，又有热爱传统文化的豪情。这段课文也能让学生更好地理解京剧艺术在中国特有的味道。

二、教学目标

（1）能正确朗读课文，文字通顺，感情丰富。

（2）能够展开想象，体会京剧的味道在课文中的描述。

（3）对课文中介绍的有关京剧、接受京剧文化熏陶的常识和艺术特点能有所了解。

三、学情分析

已知：在前两课时的学习后学生对于京剧兴趣浓厚，对脸谱了解比较深刻。

未知：由于地域文化差异，对于京剧其他方面不太了解。

生长点：借助文本描写展开想象，体会京戏韵味；通过对课文中介绍的京剧常识和艺术特点的了解来接受京剧文化的熏陶。

四、学案设计

板块一：谈话导入，揭示课题

说起中国的国粹，有些同学可能会想起京剧。中华上下五千年厚重的民族文化积淀，令每一位中华儿女为之骄傲，为之自豪！京剧艺术不仅为中华儿女所钟爱，其表演形式和神韵更是别具一格，征服了全世界热爱艺术的人们。在这节课中，大家将走近京剧，了解京剧的艺术特色。

设计意图：谈话说出了京剧的价值和地位，激发了学生对京剧的兴趣，增加了学生了解京剧、认识京剧的欲望。

板块二：初读课文，读通句子

1. 读通，读准课文

课文从哪两个角度介绍了京剧表演的特点？要求学生自由通读全文，要求每读一字一音，看看所读内容，都有哪些疑点，并在书中标注出自己的具体问题。

2. 出示词语认读

驰骋	尴尬	虚拟	高扬	低垂
装饰	约定	俗成	绱鞋底	酒宴
唯恐	不可开交	戛然而止	越发	

3. 了解京剧特点

出示第一部分《马鞭》学习要求。

默读第一堂课的文章，对后面的题目进行作答：

（1）为什么京剧骑马不一定要真马表演？

（2）京剧表演中，用什么道具来表演骑马？

（3）以鞭代真骑对演员有什么好处？

（4）可用虚拟道具表示情节，作者举了哪两个例子？

4. 指名汇报，教师点拨指导

舞台太小，马儿不能飞驰，为了鞭策，只能去做一件"物是人非"的事情。

（板书：虚拟）

作者为了说明这个虚拟的道具也是可感可用的，举了两个例子：一个是《拾玉镯》里小女孩鞋底用的线是虚的，另一个是在酒席上举杯畅饮，举杯饮酒也是虚的。

（板书：绱鞋底　　举杯饮酒）

5.感知表达特点

（1）自由读《马鞭》部分，思考作者由马鞭说起，为的是说明京剧表演中的什么特色。

（2）读第2、3自然段，用简明扼要的语言，分别写出这两个自然段的含义。

第2自然段：演员表演绱鞋底，针线都是虚的，但感觉可以使用。

第3自然段：演员表演举杯喝酒，实际上并不真喝。

（3）作者说，京剧中还有一些虚拟的道具，同样的感觉，用了哪些解释方法就可以做到呢？（举例子：一是绱鞋底，二是举杯喝酒。）

（4）京剧欣赏，看表演领悟京剧表演的艺术特色。

6.体会表演特点

出示学习要求：默读《亮相》部分，要求读懂这部分内容后，把重点讲给别人听。注意讲清楚：

（1）这一部分讲了京剧表演中哪两种奇特场面？

（2）这两种表演有什么好处？

创设情境，运用方法，讲给别人听，师生评议，片段欣赏，体会好处。

（板书：亮相、静止、杂技）

7.拓展阅读资料

尽管有些演员唱得好（唱得好的是老生），有些演员主要是做得好（花旦），有些演员主要是演得好（武净），但京剧演员从小就要从这些方面去锻炼。要求每个演员都要有唱念做打这四项基本功。这样才能最大程度地发挥京剧的艺术特色。较好地表现和刻画了各种不同性格的人物形象。京剧唱腔、舞蹈、对白、武术、各种标志性动作，是一门综合性很强的艺术。

京剧善于以虚带实、以虚托实，诱发观众产生思维运动的联想和推理判断，往往是以真实的情感作为剧本和表演的媒介，使之在艺术欣赏中发挥想象力和审美经验的同时，创造出的人物形象能达到传神、言情、写意的妙境，使观众在了解故事情节的同时，又能得到艺术欣赏的满足，这得益于综合行当的高度完备、题材的宽泛、艺术手段的丰富、演员的严格训练和精湛的技艺。

设计意图：学生欣赏京剧片段，感性认识与理性认识相结合，可以加深对相应部分文字的理解，对了解京剧的艺术特色大有好处。让学生了解京剧表演的四种艺术手法，为他们看懂京剧打牢基础，为学生能够喜欢京剧艺术、增强鉴赏能力做铺垫。

板块三：弘扬文化，爱我国粹

京剧博大精深，历史悠久。京剧既有诗一般的语言艺术，又讲究合仄、有韵致。同时，歌曲、舞蹈、诗歌、绘画、武术、杂技融为一体，形成了"歌舞配故事"的表演特色，处处给观众以美的感受。歌星李玉刚在他的歌曲中融入了京剧的因素，他的舞台花旦扮相很美，他用自己的方式传承着京剧。作为中华儿女，要把中华传统文化传承下去，把国粹艺术弘扬下去。

1. 欣赏京剧脸谱

从观脸谱到辨脸谱，有兴趣的同学还可以画一画脸谱。讲一讲脸谱与人物的故事。

2. 选段分享交流

学生分享自己课前查找的剧目和唱词。

设计意图： 此环节充分给予学生主动学习的空间，从而在学习实践中提升语文能力。在欣赏中拓宽学习的边界，激发学生探索京剧之美、感受艺术之美的兴趣。

参 考 文 献

［1］黄国荣. 浅谈我国古琴艺术发展存在的问题及原因［J］. 赤峰
学院学报：汉文哲学社会科学版，2011（8）：236–237.

［2］谭欣. 京剧元素在动画角色设计中的运用研究［D］. 苏州：苏
州大学，2018.

［3］尹冬梅. 虚静高雅的古琴文化［J］. 中外企业文化：老字号与
品牌文化，2010（5）：40.

［4］孟妤. 从平面构成与色彩构成的角度浅析京剧脸谱的性格化
［J］. 青春岁月，2017（12）：93.

［5］胡春湘. 文化自信视域下的大学生爱国主义教育研究［J］. 黑
龙江教育（高教研究与评估版），2018（5）：71–74.

［6］宁凯. 新时代大学的文化自信教育策略研究［D］. 哈尔滨：哈
尔滨师范大学，2018.

［7］赵叶子. 浅析新时代背景下大学生文化自信培育［J］. 大众文
艺，2020（2）：216–217.

［8］曹晨. 文化自信融入大学思想政治教育的路径刍探［J］. 成才
之路，2019（2）：6.

［9］张燕欣. 文化自信视域下的大学生思想政治教育研究［J］. 现

代职业教育，2020（20）：182-183.

［10］杨于泽. 文化自信源于自身的文化特色［N］. 长江日报，
2017-01-13（1）.

［11］高晓英. "中华民族共同体意识"视域下的民族地区大学生文
化自信研究：以宁夏高校为例［D］. 宁夏：北方民族大学，
2019.

［12］杨静. 新时代大学生文化自信浅探［J］. 文教资料，2018
（12）：55-56.

［13］李敏. 大学生文化自信教育研究［D］. 成都：西华大学，
2019.

［14］张天征. 一脉相承的文化自信：孔子与梁漱溟［J］. 教育文化
论坛，2018（2）：96-99.

［15］李玉滑. 谈文化自信：亮出中华文化的身份证［N］. 光明日
报，2010-11-30（11）.

［16］廖菱苡，彭娟，任璐，等. 课程思政背景下高校英语专业学生
文化自信生成路径研究［J］. 海外英语，2023（5）：98-100.

［17］赵小成. 学校教育教学活动中文化自信教育的实践思考［J］.
少男少女，2019（12）：79-80.

［18］陆静雯. "亲子科学实验站"校本课程的开发与实践［J］. 小
学科学（教师版），2017（3）：18.

［19］林洁宇. 高中美术教育中开设民间美术课程初探［J］. 现代装
饰（理论），2014（4）：226-228.